# 0〜18歳までの

# 家庭でできる
# モンテッソーリ教育

子どもの可能性が広がる実践的子育てガイド

# 0〜18歳までの 家庭でできる モンテッソーリ教育

子どもの可能性が広がる実践的子育てガイド

ティム・セルダン　ローナ・マクグラス　著

百枝義雄　監修

島村華子　訳

創元社

# 目　次

column

## 日 々 の 戦 略

## 3章
## モンテッソーリ教育で変わる
## 家族の暮らし

# はじめに

モンテッソーリ教育の評判や個人的な経験を耳にしたことがある人は、世界中にたくさんおられることでしょう。多くの人が、その教室が美しく、落ち着いていて秩序感*があることだけではなく、モンテッソーリ教育を受けた子どもたちが自主性があり、成熟していて、優しさに溢れていることにも感銘を受けています。

「1人か2人の大人だけで、大人数の子どもたちを平和な雰囲気で、上手に管理する秘訣は何でしょうか?」というのが、よく聞かれる質問です。その答えは、何と言っても、モンテッソーリの教師たちが、協力し合う学級作りに意識的に取り組んでいることが大きいと言えます。そこでこの本は、親御さんたちが同じ原則を家庭生活に適用できるヒントになればとの思いから作りました。

著者である私たちにとっては、モンテッソーリ教育に関わっていない時を思い出せないくらい、モンテッソーリ教育の世界は生き方そのものとなっています。この本は、私たち自身の子どもの頃の実体験だけではなく、親として、モンテッソーリの教師としての経験、そして多くの家族を

コーチングしてきた経験をもとにしています。私たちが学んだことの多くは、親御さんや子どもたちとの関わりや私たち自身の子育ての中にあるのです。

親になるということは、フルタイムの仕事です。母親が家で子どもの世話をして、父親が仕事に行くという家庭の姿は過去の話です。今日では、両親のいる家庭、同性カップルの家庭、一人親家庭、孫を育てる祖父母、再婚同士の家庭など、多種多様な家族が仕事と子育てを両立するために頑張っているのです。子どもが小さい時は、保育園など親以外の人にお世話してもらえる機会がありますが、年齢が上がると学校や習い事で1日の大半を過ごします。

そんな中、適切な環境と経験が、乳児、幼

**" "**

子どもの脳は、学ぶようにプログラムされています。幼児期には、発達段階に応じた適切な方法で刺激を与えることが重要です。

*[訳注]身の回りの秩序を吸収して育まれる感覚。論理性や倫理観の土台になる。

児、学齢期の子どもたちにいかに大切かが注目を集めています。子どもの脳は学習するように設計されていることはよく知られていますが、幼少期から発達段階に応じて、脳へ刺激を与えることが不可欠です。そして、それは決して終わることはありません。子どもが成長するにつれ、成長に応じた時間をかけ、承認し、関わりや援助をすることが必要なのです。

誰しも、自分の持っている時間と資源の範囲内で、できるだけ最高の家庭環境を子どもたちに与えたいと思っています。私たちが親として担う役目は、単に子どもにご飯を食べさせたり、抱きしめたり、守ったりすることだけではありません。子どもが自立した、自信に溢れた、幸せで満たされた大人になるように導くことも必要なのです。子育ての道のりは何年もかかるものですが、私たちがどこに向かっているのか、そしてなぜそのようなことをするのかを知っておくことが大切です。もしあなたが、新しい見方やすぐにできる実践方法を知りたいと思っているのなら、この本は最適です。この本を読んでくださっ

た方にとって、子どもたちとの時間を今まで以上に楽しんでいただけるようになれば幸いです。この本には、モンテッソーリ教育の実践方法や子どもと一緒にできる活動の例だけでなく、人生は祝福に満ちているというメッセージも込められています。日常の些細なことでも、特別に感じたり、お互いの愛を再確認したりすることができます。こういった小さな幸せが、子どもにとっても、母親、父親、祖父母、保護者である私たちにとっても、人生に大きな違いを生むのです。

*Tim Seldin*

*Lorna McGrath*

**子どもたちに、日々の生活の小さなことに**も幸せを感じられるように教えることは、刺激的で調和の取れた家庭を築くことにつながります。

# 1章

## モンテッソーリ教育
## とは?

# モンテッソーリ教育の理念

「モンテッソーリ教育」は、マリア・モンテッソーリ医師が開発した教育手法で、世界110カ国以上にある22,000を超える学校で取り入れられています。その理念は、教室の整理整頓の仕方から子どもの学びを支える方法、さらには家庭や職場でも適用できるような人間関係の築き方にいたるまで幅広く提案されています。

## モンテッソーリ教育は生き方そのもの

モンテッソーリ教育と言えば、一般的に幼児教育方法として知られています。確かに最初の頃のモンテッソーリの学校は、7歳以下の子どもたちを対象にして発展しましたが、現在では乳児から高校生までのすべての年齢の子どもたちに教育が提供されています。それどころかその基本理念には、学校の枠を超えて家庭や職場など、さまざまな場所で活用できる考え方も含まれています。

モンテッソーリ教育の考え方には、多くの事柄が含まれていますが、根っこにあるのは、あらゆる世代の人々が平和に、お互いに支え合いながら協働する文化を創り出していくことです。賞罰を使ったり、外部から仕事の出来不出来を評価したりして、権威で上から押さえつけて支配するようなやり方では決してありません。また、課題をきちんとやり遂げることを推奨してはいるものの、子どもたちが価値観や学習習慣、社交性、考えること、目標達成のための問題解決能力を身につけることを、一番大事にしています。

モンテッソーリ教育を通じて、子どもたちは自分の考えに気づいたり、意見を述べたり、できるだけいざこざを起こさずに協働して学んだりすることを覚えていきます。さらに、自分の気持ちに向き合うことを忘れずに、お互いに尊重しながら自己主張することも学びます。このような生き方をすることで、モンテッソーリ教育を受けた子どもたちは、大きな満足感を得ることができるようになり、家庭や学校、そして後に職場でも人とのつながりの大切さを実感できるようになるのです。

## 人生の土台を築く最初の6年間

マリア・モンテッソーリ医師の独創的な発見の1つは、子どもの教育に一番大切な時期が、それまで一般的とされてきた12〜18歳ではなく、人生最初の6年間だということです。彼女は、子どもたちがただ遊んでいるだけだと考えられていた時代（実際、幼い子どもたちの施設を私たちはいまだに「就学前施設」と呼んでいますが）の最初の6年間に、子どもたちの脳や神経系のほとんどが発達するということに気づいたのです。

この発達は、算数や読解力といった通常の「学習」の概念を、はるかに超えるものです。子どもたちは、生涯にわたって人格をかたちづくることになる基礎的な資質や理解力を伸ばすの

**99**

モンテッソーリ教育とは、あらゆる世代の人々が平和に、お互いに支え合いながら協働する文化を創り出す方法です。

**子どもたちがすぐに本を読めるように**し、質の高い資料に触れられるようにしておくことは、モンテッソーリ教育の基本です。そうすることで、生涯にわたる学習習慣を育む助けとなります。

です。具体的には、次のようなことを学んでいきます。例えば、バランス感覚や調整機能。整理する、計画するなどの実行機能。最初の自立の一歩。そして、語彙や言語能力。さらに内面の秩序感。社会的規範や価値観。自分の性別、人種、民族、信仰のアイデンティティーを肯定的に捉える態度などです。この最初の6年こそ、人生の中で子どもたちが「学ぶことを学ぶ」時間なのです。

ですから理想的には、第一子が生まれる前に、親がモンテッソーリ教育のアプローチを理解していれば、家族は最初から協働的で協力的な文化が息づく家庭を築くことができます。とはいえ、どんな家庭でも、モンテッソーリ教育の理念に出合った時から、その理念の考え方を子育てに役立てることができます。そして、どの年齢の子どもがいる家庭でも、モンテッソーリ教師がどのようにして穏やかで平和に、協力的な環境を作り出しているのかを学ぶことができるのです。

**❝ ❞**

モンテッソーリ教育は、自分の考えと向き合いながら、子どもの声に耳を傾け、一貫性を持って対応する術を教えてくれます。

**モンテッソーリ教育は、「実体験を通した学び」**を勧めています。実際にやってみることで、子どもたちは実践力を身につけ、しっかりした概念をより深く理解するようになります。

## モンテッソーリ理念を意識する家庭

モンテッソーリ教育の理念を家庭で実践することで、子どもたちが学ぶことを楽しむようになります。

- 「実体験を通した学び」を大事にします。親は、子どもたちに求められている技能や概念は抽象的で、教科書の知識が生活の中であまり活かされないと知っています。ですから計算ドリルやただ覚えることだけに焦点を当てるのではなく、子どもが概念を理解し、使いこなせるような経験ができるようにします。
- 親は本の大切さを知っているので、実際に図書館に連れて行き、インターネットもうまく使いながら、子どもに文学作品や参考文献などの資料に触れさせます。
- 親は、家族で一緒に屋外で過ごすことの大切さを認識しています。自然に触れ合い、新たな発見がある家庭菜園、ハイキングや探検などで、外での時間を家族で一緒に楽しみます。

## リーダーシップに対する考え方

モンテッソーリの教師は、モンテッソーリのやり方で「教える」とはどういうことかを学ぶために、最低でも1年以上のトレーニングを受けます。その中に、リーダーシップの授業もあります。明確な制限を設けつつも子どもたちが自分で選択できるように、モンテッソーリ独自の文化や習慣が子どもたちの体にしみこむ方法を学びます。教師が、協力し合うクラスを作るために、このリーダーシップのスキルは欠かすことができません。家庭でも、モンテッソーリ教育のリーダーシップに対する考え方を取り入れることができます。健全な家族関係を築くために、モンテッソーリのリーダーシップの考え方を実践することで、家庭内で特別な連帯感が生まれるでしょう。

ただし、家庭におけるリーダーシップは、しつけのことではありません。単に規則を決めたり、賞罰を使って子どもの行動をコントロールしたりするものでもありません。例えば、次のようなことができるように手助けします。子どもたちが自分の感情を適切に理解したり表現したりすること、ほかの人を傷つけることなく自分なりの考えを見つけること、揉め事は関わる人すべてが納得するように平和に解決することなどです。このように子どもたちが、優しさや温かさ、互いの尊重、さらには日常生活に必要な態度を身につける手伝いをすることが、モンテッソーリ教育のリーダーシップなのです。

モンテッソーリ教育の理念は、一人ひとりの子どもも、一つひとつの家庭も、それぞれ違っていることを認めています。モンテッソーリ教師の根っこにあるのは、子どもの言うことに耳を傾け、今起きていることに注意を払い、自分の考えを見つめてモンテッソーリの原則を実践する技術です。この原則を実践するとストレスが減るので、一貫した対応ができるようになり、家族が平和で睦まじい家庭を築く助けとなります。

**屋外での時間を家族で一緒に過ごす**こと、例えば、探検したり、外で活動したりすることで、お互いに支え合う家族の文化が創り出されます。

# モンテッソーリ教育の
# 基本原則

　ここに書かれているモンテッソーリ教育の基本原則は、家庭でも適用できます。これを取り入れることが、モンテッソーリ教育の理念に基づいた家庭生活を始める一歩になるでしょう。

## 1
### 一貫性を持つ

　リーダーとして子どもに明確に指針を示し、お手本になってください。子どもが限界を超えた行動を取った時には、一貫性を持って温かく接しつつも、毅然とした態度で、ふさわしい行動を取れるようにします。

## 3
### 個性を認める

　子ども一人ひとりの考え方が違うのはもちろん、状況に応じて見方や反応の仕方も変わることがあります。あなた自身やほかの子と比べたりはせずに、その子ならではの個性を大切にしましょう。

## 4
### 秩序感を育む

　子どもが論理的に考え、段取りよく物事を進めるために、大人が穏やかな気持ちでいることや秩序感を持つことが大切です。ルーティンがあり、物が整理整頓された家庭は、秩序感を育むのに役立ちます。

## 2
### 互いを尊重する

　言い間違いや失敗を、子どもが恥ずかしいと思わないようにしましょう。目の前の子が大人になった様子を想像しながら、尊敬の気持ちと優しさを持って話をすることで、子どもの能力を最大限に引き出せます。

## 5
### ほめるよりも励ます

　ほめ続けることは、外的承認を与えるに過ぎず、子どもはほめられるために行動するようになります。一方、励ましは子どもの妨げにはならず、努力や選択が大事だと伝えることにつながります。

## 6
### 内発的な動機を高める

　正しい行動を教える際は、大人がお手本になるだけでなく、子どもの良い行動を認めて感謝を伝えると、自然と正しい行動を取るようになります。「これが私たちのやり方」という行動を、習慣化させましょう。

## 7
### 限られた範囲で自由を与える

　子どもたちの自立や自己規制力を育むために、ある程度自由に動いたり、自分でやりたいことを選んだりできるような環境を作ってください。ただし、安全ではっきりした自由の範囲を示すことが重要です。

## 8
### 学び続けられるようサポートする

　子どもには答えを教えるのではなく、効果的な質問をするようにしてください。学び方を習得し概念を理解するようになるので、深く創造的に考えられるようになり、「生きる力」が育まれます。

## 10
### 気品と礼儀を身につける

　子どもたちがきちんと他人に敬意を示し、人を傷つけたり、自分自身や他人に恥をかかせたりしないようにすることが大切です。そのためには、子どもたちが礼儀や所作、マナーを身につけることを援助します。

## 9
### 自律性を育む

　子どもたちが身体能力、知性、社会性を身につけられるように手伝うことも、大人の大切な仕事です。目指すのは、社会の若い一員として、大人と並んで活躍できるような子どもたちを育てることです。

## 11
### 責任感を育む

　大人が自分の行動に責任を持ち、子どもが失敗は学びの機会だと捉えられるような心理的に安全な場所を提供することが大切です。こうすることで初めて、子どもも自分の行動に責任を持てるようになります。

# 2章

モンテッソーリ理念に
基づいた家庭生活

# すべての家庭のためのモンテッソーリ教育

モンテッソーリ教育は、ものの見方、世界の見方の指針を示し、信頼や協力に基づく人間関係を大切にします。モンテッソーリ教育を意識している親には、社会的地位も職業も異なるさまざまな背景を持っている人がいます。また、子どもをモンテッソーリ教育の学校に通わせている人もいれば、家庭でモンテッソーリ教育を実践する人もいるなど、家庭環境もそれぞれ違っています。ただ、モンテッソーリの教育理念に共感する家族には、実は多くの共通点があります。

## 勇気ある選択

モンテッソーリ教育では、子どもたちが自分の頭で考え、自分の意見をしっかり持つように援助します。このため、親がモンテッソーリ理念を実践するには、勇気が必要です。

例えば、6歳の子どもを持つ親にとって、子どもが「キッチンの真ん中にリサイクルスペースを作るのは現実的ではない」という説明を素直に聞き入れてくれたらとても楽です。けれどもモンテッソーリ教育を実践する親は、上のような場合にも子どもの主体的で論理的な思考を促すことで、子どもが物事を探求し、実用的な解決策を思いつけるように援助します。この過程を通じて、子どもたちは物事の仕組みやプロジェクトが示す課題を学ぶのです。

## 共通の展望

モンテッソーリ教育では、性別や人種、民族に関わらず、子どもたちは幼い時から驚くべき能力を持っていると考えています。また、人生のスタートから適切な刺激と心の支えがあれば、社会階層や収入、家族構成に関係なく、すべての家庭の子どもたちが人としての可能性を最大限に発揮できるとも考えています。モンテッソーリ教育の原則に従うということは、単に家を改装し、特別な教具を買い揃えることではありません。その代わりに、親は子どもたちの優しさや思いやりを育み、生まれ持った知性、好奇心、創造性、センス・オブ・ワンダー（感動する心）が開花するように勇気づけます。

モンテッソーリ教育を意識する家庭とは、子どもたちをどんなに幼くても、独自の個性や興味、感情を持ったかけがえのない存在だと認める家庭です。そのためには、子どもが自分のことは自分でできるようにし、自主性を身につけさせるほか、この世界で自分の意見には価値があるということ、さらには自分の才能にも気づけるように支援することが重要になってきます。

## 共有する目的

モンテッソーリ教育を意識している家族は、家庭内で平和を伝えることで、世界をより良くしていけると信じています。例えば、力ずくではなく

揉め事を解決する方法、お互いの意見を尊重する方法、そして狭い視野や自己中心的ではなく協力とパートナーシップの精神を持って生活を送る方法などです。最初は、単に質の高い保育を求めてモンテッソーリ教育に出合ったとしても、モンテッソーリ理念に共感した家庭であれば、子どもたちに生き方を教えることこそが、すべての人にとってより良い未来を築く方法だと実感していくのです。もし基本的な原則に共感するようであれば、モンテッソーリ教育はすでに、あるいはこれからあなたの家族にとって最適な育児方針となるでしょう。

" "

人生のスタートから適切な刺激と心の支えがあれば、子どもたちの可能性は最大限に広がります。

**モンテッソーリ教育では、親が**子どもたちの声に耳を傾けたり、探求や発見を通じて子どもたちの好奇心を育んだりすることが求められます。

# 家族の価値観

大人は、自分の世界観を子どもたちに伝えていきます。子育てをする時、血のつながった親であろうと、養父母であろうと、一人親であろうと、里親であろうと、祖父母のいる大家族であろうと、それぞれの家族の価値観が継承されます。

### 明確なメッセージ

モンテッソーリ教育を意識する家庭では、親が家族の芯となる価値観や目標を示すことが大切です。そのためには、自分たちの価値観や大切にしていることが何であるかを、明確にしなければなりません。その際、自分たちの価値観を子どもに押しつけるのではなく、自ら体現することが必要になります。

一緒に子育てをするパートナー間で同じ目線に立つように努め、日々の行動や反応に一貫性を持たせることで、子どもが親からのメッセージを吸収して理解する可能性が高まります。子どもは、あなたの生き方を模範として学んでいくのです。

**年齢を問わず家族一人ひとりの話を聞いて会話をすることで、**モンテッソーリ教育の大切な価値観であるお互いへの敬意が芽生えます。

## 価値観を確認する

子どもたちに家族の価値観がしっかり伝わるようにするために、まず家族内の大人が自分の価値観を明確にする必要があります。共通の価値観を見つけ、逆にお互いに同意できない部分も確認しましょう。話し合いを重ねて、どこかで合意できるかどうかを一緒に考えます。例えば、子どもの宗教教育について、あなたとパートナーの考え方は同じですか？　もし違うとしたら、2人にとって良い解決策を見つけられますか？

それぞれの親の役割をどのように認識していますか？　もし片方の親が揉め事を避けたい性格であったら、もう一方の親がルールを徹底する役割を担うことになるのでしょうか？

子どもたちは、大人の価値観を吸収するだけでなく、特定の分野に対する偏見も無意識に取り入れてしまうことがあります。それゆえに大人は、自分が先入観や思い込みにとらわれていないか自問することが求められます。理想的には、親になる準備段階から自分の価値観と意識的に向き合っていきます。そして、ともに暮らしていくための長続きする家庭生活の基盤を築いて、自分たちの日常の言動が、子どもに教えたいことと一致しているかどうか見直してください。

家族の価値観は、民族性、信仰、政治的な考え方、社会的態度などさまざまな要因で決ま

ります。その一方でモンテッソーリ教育では、家庭生活を築く上で欠かせない基盤となる、次のような共通の価値観が望ましいとしています。

- **家族はお互いに**、好奇心、創造性、想像力を育む。
- **物事を丁寧に進める習慣**を身につけ、向上心を持つように努める。
- **非暴力や誠実さ、思いやり、共感、敬意など普遍的な価値観**を教え、家族間で共有する。
- **子どもたちがグローバルな視点を養い**、人間らしさの特徴でもある個人の違いを尊重できるように援助する。
- **他者に奉仕する**という家族の価値観を大切にする。
- **性別による役割分担**をしない。
- **敬意と思いやりを持って**、家族はお互いに話を聞いて、話し合う。
- **状況に応じて**、家族それぞれの気持ちを伝えるために積極的に会話する。
- **自分の意図を明確に伝える努力**を一人ひとりがし、言動を一致させることを心掛ける。
- **揉め事や心配事**は、恨んだり、ほかの人に悪口を言ったりせずに、直接当人同士で平和に解決する。
- **家族で責任を分担**し、それぞれの貢献を評価する。
- **間違えることは、学ぶチャンス**だと捉える。
- **一人ひとりが公平に扱われ**、偏見に対処するよう努める。

# 家族の文化

家族の文化は、家族の価値観によって左右されます。モンテッソーリ教育を意識する家庭では、敬意、優しさ、協調性を育む文化を大切にしています。こういった文化は、子どもたちの感情的欲求を満たしたり、伝統を守ったり、敬意を払ったり、傾聴したり、思いやりを持ってコミュニケーションを取ったりと、家族の生活に反映されることになります。

## 子どもは家族の一員

モンテッソーリ教育を意識する家庭には、子どもたちが家族の意思決定に参加したり、気持ちを表現したり、新しいアイデアを試したりできるような文化があります。人によっては、この考え方が混乱や反抗を生み出すと心配するかもしれません。しかし、家族のリーダーである親が、自分たちの価値観に基づいて家族の雰囲気を作っている限り、混乱や反抗にはつながりません。モンテッソーリ教育に基づいた子育てでは、可能性を狭めることなく制限を設け子どもたちを導くこと、個性と自律性のバランスを保つことを目指しています。

### 家族会議の形式

家族会議には、以下の4つの要素があります。詳しい実践方法については、66〜67頁を参照してください。

- **感謝と承認**…家族全員が、その週にしたことに対してお互いに感謝したり、認めたりします。
- **家族会議を始める**…家族の1人が進行役となり、議題に沿って家族会議を仕切ります。
- **今後の予定を話し合う**…家族全員が、それぞれの次週の予定を共有し、お互いに協力し合えるようにします。
- **家族のお楽しみ時間**…ミーティングの締めくくりに、進行役が、サイクリングやゲームなど、10分以内でできる簡単な活動を選び、家庭で楽しんします。

## 大人の先入観を見直す

子どもたちの声を尊重するということは、「こうあるべき」という先入観を大人が手放し、粘土を形成するように子どもたちを思い通りに育てられないことを理解する必要があります。その代わりに、一定の範囲で自由を与えることで、子どもたちの個性や興味を引き出していきます。

また、性差にとらわれた役割分担を拭い去ることは、子どもたちが自分の興味を探求できるようになる手段になります。例えば、家族のそれぞれがお皿を洗ったり、料理や家事をしたりするようにします。さらに、子どもが大きくなるにつれて、家計簿をつけたり、お金の問題に関わったりすることで、子どもも家族の意思決定に参加できます。

## モンテッソーリ教育の家族会議

モンテッソーリ教育に基づいた家族文化を創るのに肝心なのが、週に1度の家族会議です。家族会議では、世代を超えて家族全員が一堂

**会議のかたち**は、子どもの
年齢によって変わります。幼い子ど
もがいる家族の場合は、子どもの理解度
に合わせ、会議はよりくだけたものになります。

に会し、問題を解決したり、決め事をしたりしま
す。またリーダーシップのスキルを学んだり、創
造的に考えたり、意見を交換したりしながら、一
緒にいることを楽しみます。家族の問題につい
て話し合うことで、家族みんなで協力して解決
策を探すことができるのです。家族会議がうまく
いくと、子どもたちに創造性や協調性、敬意が
育まれます。

　家族会議では、家族一人ひとりが順番に進
行役を務めますが、幼い子も進行方法を年上
の家族のやり方を観察して学んでいきます（64
頁参照）。この時間は、家族全員が正直にかつ

オープンに話し合いができる場となります。子ど
もたちにとっても、気持ちを表現したり、問題を
解決したり、人との関係性を強めたりするのに
重要な手段です。オンラインでの会話や顔を突
き合わせての食事でも得られない、より深いレ
ベルでの対話が可能になります。

　何よりも、外部からの邪魔の入らない会議を
定期的にすることで、家族の時間を大切にする
意識が芽生え、一人ひとりが家族にとって大切
な存在だと実感できるようになります。毎週の家
族会議の具体的なやり方については、64〜67
頁のガイドラインを参照してください。

# 子育てのパートナーシップ

あなたと一緒に子育てをしている相手は、配偶者、事実婚のパートナー、元配偶者、親しい友人、あなたとパートナーの両親、あるいは子育ての責任を分担してくれる知人かもしれません。相手が誰であったとしても、子育てについて継続的に話し合うことが大切です。

## 話し合いを始める

子育てにおいて一貫性を持つためにも、大人同士が良い関係でいるためにも、子育ての

パートナー間で、子どもの行動や価値観について同じ目線を共有しているかどうかを確認することが大切です。理想的なのは、家族になった2人が、子どもが生まれる前に、どうやって子育てをしていくかについて話し合っておくことです。しかし実際には、子どもが生まれて問題が起こってから、どうしたら一緒に最善の子育てができるのか、共通の子育ての価値観とは何なのかを考えることになります。

子育てについて話し合いを始めるには、子どもが18歳に育った姿を思い浮かべ、どうやったら大人になる準備を上手にサポートできるかを

**お互いの価値観や共通点を話し合うことで、**一貫性や思いやりを持った子育てができるようになります。

" "
子どもの成長についての、
お互いの願いや思いを話し
合うことで、子育てを一緒
にするパートナーとの絆や
愛が深まります。

考えてみることをお勧めします。あなたは、子どもに誠実さを大切にし、思いやりや勇気を持った人になってほしいと願うかもしれません。あるいは役に立つスキルを身につけ、自信を持ち、将来の仕事を選択できるような教育を子どもに受けさせたいと思うかもしれません。またはあなたにとって、子どもが幸せになる力を身につけることが一番大切なことかもしれません。ほかにも、他者や地球環境に敬意を持つような責任ある大人になってほしい、自信を持って自分を表現できるようになってほしいと思うかもしれません。

パートナーと話し合う前に、1人ずつ思いを書き出して、時間をかけてじっくり考えてください。1〜2日経ってから、パートナーと自分の思いを伝え合います。まずは、お互いの願いや見方に関する共通点と相違点を見つけてみましょう。そして、自分たちの目標を達成するために、子どもたちが幼少期から青年期へと成長して

いく中で、親として何ができるかを考えてみてください。

## 育った環境を振り返る

左にあげたような希望を語り合いながら、子育てについての考え方を話し合いましょう。例えば、しつけについてお互いにどう考えていますか？　人前で癇癪を起こした時、あるいはきょうだい喧嘩を始めた時など、困った時に自分の親はどういう対応をしていたかを振り返って話し合ってみてください。自分だったら違う対応をすると思いますか？　子どもの成長に合わせて、お互いに自分の育った環境を振り返りつつ、問題の解決方法や子育てについて話し合いを続けていきましょう。

たとえ似たような価値観や目標を持った家庭で育ったとしても、パートナー間で子育ての方法に違いが出るのは当然なことです。それゆえ、意見が一致している点と、そうでない点を見つけるのは大切なことです。妥協点を見つけられますか？　また、以前の結婚で子どもがいる場合は、新しいパートナーにあなたのこれまでの子育てを伝えてください。パートナーと協力して、子どもに可能な限り一貫性のある日常生活とできるだけたくさんの愛を与えましょう。意見を交換し合うことで、あなたやパートナーだけでなく、子どもの世話をしてくれるほかの家族にとっても納得のいく共通点や解決策を見つけることにつながります。

# パートナーとの関係を
# 大切にする

　子育ての楽しさや難しさを経験しながら、パートナーとの関係を大切にするためには、忍耐、理解、コミュニケーション、そして献身が必要となってきます。相手の欠点を見つけるのは簡単ですが、自分の行動でパートナーに模範を示すほうが協力し合える関係を築くことができ、ひいては調和のある家庭を築くことにつながります。

けでもありません。むしろパートナーは、フラストレーションや心配事、あるいはほかに抱えている気持ちを言える安全な場所を求めているだけなのです。

　パートナーが落ち込んでいたり、あなたに何か悩みを相談したがっていたりする時には、自分がしていることをやめて、意識的にパートナー

### 聞いて、理解して、同意する

　うまく折り合いをつけて2人の関係性を維持していくためには、お互いに気を配って、注意深く相手の話を聞く必要があります。会話をする際には、上の空にならないで、お互いに相手の言葉と自分の言葉に集中することが求められます。

　時には、パートナーはあなたにただ話をしたい、聞いてもらいたいと思っていることがあります。それはあなたに問題解決を求めているわけでも、不安を取り除いてほしいと思っているわ

　**パートナーとの時間を大事にする**ことで、2人の関係性がより深まり、子どもたちにとっても愛に溢れる絆を育むお手本になります。

に向き合うように努めましょう。注意深く話を聞き、あなたが一所懸命に理解しようとしていることがパートナーに伝わるようにしてください。また、ただ聞くだけではなく、相手の言わんとしていることを自分が正確に理解できているかどうかを確認しましょう。例えば、「あなたが言いたいのは、〜ということかな？」と確認し、もし間違っていればパートナーに説明してもらいます。このように傾聴することで、意見を交換し合ったり、優先事項を決めたり、子育てや家族全体、そして2人の関係性にも適した解決策を見出すことができます。

## 子育ての大変さを認識する

2人の関係性から考えると、子育ては時間を奪われ大変な時期であるということを、お互いに認識しておくことが大切です。育児で忙しい中であっても、後で元通りになるだろうと思って、2人の関係をないがしろにしないように心掛けてください。パートナーに目もくれず子どものことだけを考えていると、子どもが家を出た後、お互いの共通点を見出せなくなってしまうこともあります。

大人だけの時間を持つことで、2人の関係を良好に保つだけでなく、子どもたちにもお互いを思いやるお手本を示すことができます。マンネリ化を防止するためには、陶芸、ヨガ、ハイキ

## 自分のニーズを可視化する

子育てに必要なエネルギーと余裕を保つために、体も心も頭もリフレッシュしましょう。自分のニーズを可視化すると、自分が求めていることを考えることにつながり、家族にとってベストな状態の自分でいられます。

あなたの最高のエネルギー、忍耐力、思いやり、冷静さが、コップいっぱいの状態を想像してください。次に、2〜3個の空のコップと喉が渇いている家族を想像します。あなたは毎日家族のコップを満たすので、1日の終わりにはコップは空になります。あなたは疲れ果て、子育て用のコップを補充するには休憩が必要。どうすればコップを満タンにできるのか、考えてみてください。本を読む、ランニングする、踊る、歌う、物思いにふける、お風呂に入るなど何でもかまいません。自分に合ったものを見つけて、ルーティンに取り入れましょう。

ング、木工など、一緒に新しいことに挑戦してみるのも良いでしょう。

## 自分自身を大切にする

親としてあなたは、家族一人ひとりの世話をして、支えていく立場にあります。しかしほかの人の面倒を見ることに忙しくて、つい自分自身を大切にすることを忘れてしまっている時がありませんか？　上のコラムに記したように自分のニーズを可視化することで、自分が何を求めているのかを把握したり考えたりする助けになります。

# 自分の先入観を見直す

時として私たちは、親としてしっかりと役目を果たせているのかどうか、疑問に思うことがあります。特に、初めて子育てをする親にとっては、自信をなくしてしまうのはよくあることです。自分自身の振る舞いや心のあり方を見つめ直すことは、子どもの育ちや学びを促すことにつながるとても良い方法だと言えます。

## 心を開くこと

子育ての準備として本当に大切なことは、自分自身を知ることです。良い親になるためには、長年にわたって効果が認められ、実践されているような子育て方法を単に学ぶだけでは足りないのです。それ以上に、子どもたちやパートナー、一緒に子育てをしている家族に対する考え方や関わり方について深く考えてみる必要があります。

子育ての長い道のりで大切なのは、自分が親から言われてきたことを見直す心の準備ができているかどうかを自問してみることです。自分が親から受けた教育方法とは違う方法で、子どもを育てたいと思う人もあることでしょう。これは必ずしも自分の親を批判しているのではなく、むしろ親の子育て方法を少しでも改善したいと思っているからだと考えられます。しかし、たとえこういった思いがあったとしても、つい親と同じように振る舞っている自分に気づくことがあります。子どもの時に経験した親の考え方や子育ての仕方が、自分の中に染み付いてしまっているのです。

## 親から受け継いだ先入観を認識する

ここでは、子ども時代から受け継いだ意識的な思考と無意識の思考の代表例を紹介します。1人でまたはパートナーと一緒に探ってみることで、自分の先入観を疑うきっかけになります。

- 子どもは大人の邪魔をしないで、静かに遊ぶべきだ。
- 子どもの親友になりたい。
- 男の子のほうが、女の子より算数や科学が得意だ。
- 1度言えば、子どもは言うことを聞くべきだ。
- 子どもの間違いは、常に正すべきだ。
- 子どもに失敗したと感じさせてはならない。

## 考え方を転換してみる

もし自分の子どもへの接し方に違和感を持ったとしたら、自分の行動は変えられるということを覚えておいてください。

まずは、あなたの子どもに対する考え方や、子どもの行動への対応を見直してみましょう。例えば、あなたの考え方の癖の中には、ご両親が愛と優しさ、一貫性を持ってあなたを育ててくれた子どもの頃の記憶によって形成された、ポジティブで効果的なものがあるかもしれません。またほかの考え方の癖は、子どもの頃の苦い経験によって形成されていて、穏やかで平和

**自分自身の幼少期と両親との関係**が、現在の私たちの子育て方法を形づくり、影響を与えています。

な家庭を作るという目標を妨げてしまうネガティブな行動につながる可能性があるかもしれません。

意識的であろうと無意識であろうと、思考の癖は、あなたの気持ちや子どもへの関わり方を左右します。人は、自分が意識している考え方については、意外に簡単に変えることができます。一方、無意識の考え方を変えるためには、あなたが子どもに対して感情的、本能的に対応してしまうのはどのような先入観に影響されているのかを探り当てる必要があります。子どもや他者に対する自分の無意識の考えや対応を認識することで、自分の子育てを見直せるようになります。

例えば、女の子のほうが男の子より扱いやす

い、あるいはその逆だと思っていたとします。もしこの考え方が無意識の偏見に基づいているなら、男の子と女の子を問わず誰にでも起こりうる子育ての問題が起きたとしても、やはり「男の子だから大変なんだ」「女の子だから大変なんだ」と、偏見をさらに強めてしまうかもしれません。それだけではなく、自分の子は特に育てにくいのだ、と感じてしまうことも考えられます。女の子と男の子の違いについての先入観は、あなたの子どもへの関わり方に影響を与えます。そして子どもは、あなたの不満やあなたに扱いにくいと思われていることを感じ取ってしまいます。自分の偏見を認識することは、自分の中の考え方を正し、子どもとの関係に調和をもたらすことになります。

# 子ども視点で世界を見る

穏やかで平和な家庭を築くために、子どもたちの視点からは世界がどう見えているのかを知ることが不可欠です。マリア・モンテッソーリ医師は、「子どもに従う」ことを勧めました。そのためにはまず子どもたちがどのように考えて、感じて、反応するかを理解する必要があります。

### 子どもの視点

まだ背が低い幼い子どもが、大好きな大人を見上げる時、子どもの視点から見ると、大人はまるで巨人のように見えます。大人は子どもに比べて体が大きく力が強いので、子どもにとって大人はパワーを持った存在だと映るのです。このような印象を受けると、幼い子どもは圧倒され、無力感や発言力のなさを感じてしまうことがあります。

簡単なことをするだけで、あなたも文字通り

**❝ ❞**

子どもが、大人や周囲の世界をどのように見ているかに注意を払うことで、子どもが伝えようとしていることを理解しやすくなり、求めていることにより効果的に応えられるようになります。

子どもの視点で世界を理解することができます。子どもが眠った後に床に伏せて周囲を観察したり、子どもの背丈から家の中がどのように見えるかをビデオに撮ったりしてみてください。世界が全く違って見えることに驚かされるでしょう。

親であるあなたは、子どもよりも背が高く力も強いですが、それだけではありません。子どもの求めるものを与える存在であり、「いいよ」とも「だめ」とも言える立場にあり、子どもに注意を払うことも無視することもできてしまいます。子どもは、自分が伝えようとしていることを大人が理解できなければ、どうにかして私たちの注意を引き、自分の欲求を伝える方法を試行錯誤していくでしょう。子どもの視点に立って物事を見る努力をすることで、子どもがどう考えそうか、どう感じそうかをより深く理解できるようになり、今より効果的な対応ができるようになります。

### 子どもの成長

子どもが大きくなるにつれ、思考やコミュニケーション能力も発達します。もちろん個人差はあります。年齢に関わらず、親の指導を素直に受け入れる子もいれば、親の言動すべてに反抗する子もいるでしょう。親としての役目は、子どもの話に耳を傾けること、分かろうとすること、そして子どもが自信を持って自分らしさを見つけられるように援助することです。

● **話せるようになる前の子どもは**、泣いたり、笑ったり、クーイング（鼻からかわいい声を出す）

**自分が小さければどう感じるかを考える**
ことは、子どもが見ている世界を理解する
のに役立ちます。

使って意思疎通を図り、自立を促すスキルを身につけられるようにゆっくりと学んでいきます。そして子どもたちは、自分にも伝えるべき意見があることを実感し始め、敬意を持ってコミュニケーションを取るほか、自分のことは自分でできることに気づき始めます。

• **小学生になると**、子どもたちのコミュニケーション能力は高まります。仲間や人間関係への興味はますます高まり、ルールや公正さにこだわるようになります。自分たちでルールを決めて試してみるのも、この時期の特徴です。子どもたちは、自分自身の自立性と自律性を感じ始めています。親としては、子どもたちが自分自身で、あるいは少しだけ大人の助けを借りて自分で決断したり、ある状況に対処したりできるようになったことに安心感と自信を持ち始めます。

• **思春期は**、子どもと大人の間の時期です。子どものように振る舞ったかと思えば、次の瞬間、大人のように振る舞うこともあります。体が成長し、急速に変化していきます。10代の子どもたちは、この世の中に自分の居場所を探すとともに、自分の力で社会を変える方法を求めています。自分や他者のセクシュアリティ（性に関わる意識や表現・活動全般）にも興味を持ち始め、親と同じかどうかは別として、自分の価値観や信念を見つけるために、さまざまなアイデアを試したがるのもこの時期の特徴です。

したりして注意を引こうとします。自他の区別、つまり親と自分が違う存在であるということさえ認識していません。

• **幼児期になると**、子どもたちは言葉を覚え、自分の要求を伝えるために、涙を流したり、心がとろけるような笑顔を浮かべたり、癇癪を起こしたり、ふくれっ面をしたりするようになります。幼児期の子どもは、自分だけではなくて他者にもニーズがあることも認識し、言葉を

# 心理的に安心できる環境

モンテッソーリ教育を実践する家庭を作るためには、家族のために家の物理的環境を整えるのと同じように、心理的環境を整えることも重要です。これにより、家族みんなの心の安心感を育むことにつながります。

## 子どもに敬意を持つ

私たち大人は、子どもたちに対して、敬意を持って温かく接するに値する独立した1人の人間だとみなすことが大切です。加えて、子どもたちは予想以上に大人に影響されやすいので、子どもたちの前では言動に気をつける必要があります。もしあなたが子どもの良いところを見つけて、子どもに話したり、日常の家事に参加させたり、気持ちに寄り添ったり、興味を尊重したりすると、子どもたちがあなたの期待に応えてくれる可能性は高まります。家族みんなにとって心理的に安全な環境を作る方法を、いくつかご紹介します。

● **一貫性とルーティンを作る**。1日と1週間のおおよそのスケジュールを作ってみましょう。家族のルーティンがあると、子どもは安心して過ごすことができます。あなたの

**子どもが門限に遅れて帰ってきた**としても、落ち着いて話をして、揉め事になるのは避けしましょう。こうすることで、子ども自身が自分の行動を振り返り、次は遅れないように努力する可能性が高まります。

対応にも一貫性があり、日々の生活のさまざまな状況に丁寧に対応することで、安心感が生まれます。あなたの愛情は子どもの行動に左右されるわけではないこと、そしてたとえ子どもの行動に同意できなくても、子どもを受け入れ愛していることが伝わるようにしてください。

- **期待値や限度を明確にする。**何が期待されているのかが分かれば、子どもたちは限度の中で、節度のある行動を取るようになります。ダメな行動ではなくて、望ましい行動を説明するようにしましょう。例えば子どもが家で大声を出していたら、「家の中では大きな声を出さないで」と言う代わりに、「小さな声を使おうね」と伝えます。否定的な言葉で期待を伝えると、命令のように聞こえてしまいます。恨みを買うことになり、その結果、子どもは自主性を発揮しようとするので、反対の行動を取ってしまうことがあります。

- **失敗に寛容になる。**子どもたちが自分でできるように手助けをするのが、モンテッソーリ医師の教えです。子どもたちは失敗をしますが、その経験から学ぶことができます。植物に水をやったり、犬の散歩に行ったりするのを忘れることがあるかもしれませんし、学齢期の子どもたちでは宿題を忘れたり、遅くまで起きていたり、門限に遅れることもあるかもしれません。自分の失敗に向き合うことで、叱られたと

感じるよりも、そこから貴重な教訓を得てほしいものです。「しつけ」という言葉は、教えて学ぶという意味です（40頁参照）。日常生活に必要なスキルを見せることで、子どもたちは自分の言動が他人にどのような影響を与えるかを意識して練習することができます。先回りして子どもたちが失敗しないように守ってしまうと、自立する機会を奪うことになり、大人が急いで解決しようとすると打ちのめされてしまいます。

- **考えを巡らせるための静かな場所を用意する**（156〜159頁参照）。モンテッソーリ教育を家庭で取り入れるには、家族の誰かが興奮しすぎたり、家族の和を乱すようなことをしたりした時に、1人になれる居心地のよい場所を作ります。これは、手に負えなくなった時に親がよく使う「タイムアウト*」とは異なります。タイムアウトは、罰のように感じられることがほとんどで、「悪い子だから出て行きなさい」というメッセージとして伝わります。その上、子どもがよほどタイムアウトを嫌えば効果があるかもしれませんが、行動を変えるのは容易なことではありません。一方、静かな場所は、家族それぞれが自分の言動を振り返るのに役立ちます。内省することで、責任を取ったり、家族の和にまた入ったり、今後の行動につなげることができます。

---

\* [訳注]子どもが問題を起こした時に、別の場所に隔離するしつけ方法。

# 子どもとの対話

　子どもたちは大きくなるにつれて、自分が理解できないことを見たり聞いたりするようになって、もっとたくさんのことを知りたいと思うようになります。一方、親にとってはある種の質問には答えやすいでしょうが、話しにくいと感じる話題も増えてくるかもしれません。

## 話し合いのテーマ

取り組むべきテーマは、以下のものが考えられます。

- 時事問題に関する質問
- 人種差別や社会的正義
- 宗教や道徳的問題
- 性の話題とジェンダー差別
- 別居や離婚
- 病気や死

　このガイドラインを使って、難しい会話をする時に役立ててください。

- **子どもたちが吸収できる範囲の情報**に留めましょう。どのくらい詳しく説明するかは、子どもの年齢や理解度により変わってきます。例えば、3歳の子が赤ちゃんはどうやってできるのか聞いてきたとしたら、答えとしては、短く事実を伝えることが大事です。幼い子どもは、妊娠から出産までの詳細を知る必要はない

のです。しかし思春期に近づいた子どもたちは、知りたいと思っているだけでなく、知っておく必要があります。このことは、すべてのいわゆる答えにくい質問に当てはまることです。

- **自分の気持ちを正直に**話してください。もし話したくないと思う話題があったとしても、子どもの年齢や理解度を考慮した上で、気持ちを伝えましょう。どの年齢の子どもも、大人の言葉だけではなく、感情やボディランゲージを読み取ります。大人が自分の気持ちをごまかして伝えようとしても、子どもに気づかれてしまいます。

- **別居や離婚の話**は、話し合いが難しいものです。子どもたちは、時に自分の責任だと感じてしまうことがあるので、何も悪くないということ、そしてどんなことがあっても両親は自分を愛してくれることを知る必要があります。この会話で一番難しいのは、例えば、別れた相手を批判せずに、子どもの最善の利益を考えた結果がなぜ別居することなのかを説明することです。

- **家庭によって、信じるもの**が違います。政治、信仰、倫理と道徳、家族の文化などは、家庭によって意見が異なるものだということを子どもと話しましょう。自分たちの家族の価値観について明確にしつつも、ほかの家族が独自の意見を持つ権利を尊重することが大切です。モンテッソーリ教育を意識する家族間では、共通の価値観や信念を持っている可能

性はありますが、それぞれの家族に特有の見方や伝統があるのは当然です。

- **子どもの質問に答える際**には、自分たち家族の基本的な価値観や信念を念頭に置きましょう。こういったことを始めからパートナーと話し合って共有しておくと、子どもの質問にも答えやすくなります。自分の価値観や信念に確信を持ち、パートナーと一致していれば、子どもも安心感を覚えるでしょう。

- **子どもたちの側にも、話しにくい話題**があります。親が話すべきことだと思うような話題や状況だったとしても、子どもたちは恥ずかしいと思ったり、不快に感じたり、怒ったりすることがあるかもしれません。どちらかが会話を避けることもあるでしょう。まずは、子どもたちに話があることを伝え、今話せるかどうか聞いてみます。子どもたちが悩んでいるようであれば、落ち着く時間をあげましょう。動揺している時に話すことを強要すると、自分を表現したり、親の話を聞いたりすることが難しくなります。ただし、気まずくても話をする必要があることは明確にします。例えば、「話したいのだけれど、今は動揺しているみたいだから、あなたの準備ができたら後で話そう」と伝えてみてください。

**どんなことでも話せそ うな**リラックスできる居心地のよい空間があれば、子どもがあなたの話に耳を傾け、話に興味を持ちやすくなります。

# みんなの家

家庭でモンテッソーリ教育を取り入れるためには、家族の誰もが自分も大切にされていると感じ、安心して過ごせる環境を、工夫して整えましょう。簡単なことを少しするだけで、あなたにとっても家族みんなにとっても、快適で居心地のよい家にすることができます。

### 居心地のよい家

整えられた居心地のいい家は、「自分の家は家族の誰もが快適に過ごせる場所だ」と確信できるので、協調性や落ち着き、日常を丁寧に暮らす感覚を育みます。これを実現するのに、家の大きさは関係ありませんし、大金を使う必要もありません。モンテッソーリ理念では、美しさ、秩序、快適さのすべてが、大きな役割を果たします。

- **美しい空間を作りましょう。**ここは家族みんなが大切に思う場所で、みんなにとって居心地がよい場所なのだと感じられるような家にすることが理想的です。玄関に入った時にすっきりと清潔感があって、部屋にいて美しさと温かさも兼ね備えた空間を見ることによって、家族一人ひとりが「家を大切にしたい」「自分の居場所だ」と感じることができるようになります。

- **家の中に秩序を作るために、**すべての物に定位置を決めましょう。例えば、洋服は寝室の

洋服タンスや引き出しに入れ、本は本棚にしまうのはもちろんのこと、絵を描いたり何かを作ったりする材料も決まった場所に片付けます。また、子どもたちのおもちゃ専用の棚を用意したり、読書や勉強用の場所を作ったりするほか、食事の用意や、座って食事をする場

**洋服や日用品**を置くスペースがあり、整理整頓された家を作ることで、調和と心穏やかさがある生活を送ることができます。

所を決めましょう。また、部屋が散らかっていると、集中力が低下してしまいます。子どもたちのために、たくさんの物を集める家庭が多いですが、一度にすべてを出してしまうと子どもたちは1つのことに集中することができません。ごちゃ混ぜになったおもちゃ箱や、遊具が入った複数の収納ケースを用意するのではなく、代わりに棚の上におもちゃやゲーム、絵画や工作用の道具を並べてみましょう。そして、子どもの興味の移り変わりに合わせて、活動に必要な物やおもちゃを入れ替えていくことがお勧めです。

- **居心地のよさに配慮し**、家族みんなにとって快適な空間作りを目指していきましょう。赤ちゃんが産まれたら新しく用意する家具について考えますが、同時に、子どもが大きくなって触ると困るような、すでに家にある貴重品や壊れやすい物や家具を、どのようにするかについても考える必要があります。大人にとっても美しいと感じられ、人を招きやすい雰囲気がありつつ、小さな子どもが物をこぼしたり壊したりしても神経質にならないですむような家のしつらえ方を考えてみましょう。実用性と快適さを兼ね備えた家であれば、家具の汚れやこぼした跡で喧嘩をすることもありません。子どもに家族のルールを教えたいのはもちろんですが、現実的に考えて、完璧な家を維持しようとすることよりも、子どもを育てること、子どもの学びを支えることに集中するほうが良

## 空間を進化させる方法

　子どもたちが成長するにつれて、自立し、背も高くなるほか、今までと違う興味やニーズも出てくるので、家の中も少しずつ変えていきます。

　例えば、子どもが小さい時は、洋服などの物にすぐ手が届くように、背丈に合わせて子ども部屋を改装していたかもしれません。大きくなると、伸びた身長に合わせて色々な物を高い位置に変えてあげるのはもちろん、子ども本人が部屋の内装を決めたいかもしれません。加えて、本を読んだり書き物をしたり、パソコンを使ったりする専用の空間も必要になってきます。

いでしょう。

## 家族全員のための計画

　家族みんなのことを考えて家作りをするためには、子どもが家事を手伝ったり、親が忙しい時にも子どもが快適に過ごしたりできるような空間を、意識的に整えることが大切です。例えば、リビングルームや台所に小さな机と椅子を用意すれば、あなたが家のことをしている間も、子どもはそこでパズルやお絵描きなどをすることができます。こうすれば、子どもは「そこにいても良いのだ」と理解します。そして家族と同じことをするにしても、ほかの家族が忙しい時に1人で何かをやるにしても、自分は家族の一員だと実感できるのです。

# 「困った行動」もコミュニケーション

　私たちはみんな、感情的欲求を持っています。これらの欲求が満たされていると、最高の自分でいることができます。これにより、思いやりや共感を示したり、他者と協力したり、優しく人を導いたりすることができます。そして、自分がやろうとしている仕事や活動を達成することができるのです。

## 感情的欲求とは

　大人も子どもも同じように、感情的欲求を持っています。それが満たされると、調和が取れ、生産的な生活を送ることができます。自分が愛されていると感じること、自分の人生をある程度コントロールできていると感じること、帰属意識を持つこと、自分には価値や能力があると感じることを私たちは求めています。これらの欲求が1つでも満たされていないと、私たちはちょっとしたことでも自分が責められていると感じた

**❝ ❞**

子どもは、感情的欲求が満たされないと、「困った行動」を取ります。これは、愛され、大切にされ、自分でコントロールでき、自分の居場所があるという安心感がほしいと伝えるためです。

り、機嫌が悪くなったり、批判されないように身構えたり、わざと注意を引こうとしたり、言い争いをしたり、言葉や行動で人を傷つけたり、引きこもったりするかもしれません。

　子どもたちがこういう行動を取ると、大人は問題行動だと決めつけてしまいます。子どもたちは、自分がどう感じているのか、あるいはどうやって自分の欲求を満たしてもらえるのかを、ちゃんと理解していないことがほとんどです。そのため、「困った行動」を取ることでしか、「何かが違う」ことを伝える方法がないのです。子どもたちは、悪さをしているわけではありません。愛されていること、自分でコントロールできていること、家族の大切な一員であることを確認したいという欲求を、無意識に大人に伝えているだけなのです。

　子どもたちが何を伝えようとしているのか理解し、行動を起こす前に彼らのニーズを満たすことができれば、子どもたちも抵抗するよりも協力するようになります。意地悪や人を傷つけるのではなく、親切な言動を心掛けるようになります。自分の部屋に閉じこもる代わりに、家のことを手伝ってくれたり、自分のことは自分でやったりするようにもなるでしょう。そして親を独り占めしようとしなくなるので、あなたもほかの人との時間や自分の時間を持てるようになります。

## 信頼貯金

　親子関係は、信頼貯金だと思ってください。

子どもが何かをうまくやっている時に気づいて励ますことで、子どもが「できるようになった」と感じることができ、信頼貯金が増えます。

投資して、子どもの感情的欲求を満たすことで、「困った行動」を避けることができ、家族に調和をもたらします。大人の言動が、この信頼貯金を増やしたり減らしたりするのです。子どもに罰を与えたり、怒鳴りつけたり、恥をかかせたり、ほかの兄弟姉妹と比較したり、無視したり、悪口を言ったり、脅したり、過保護になって子どもの力を奪ったりすると、親子関係が崩れてしまいます。

信頼関係を築くと同時に、子どもの感情的欲求を満たすのに役立つ行動に、以下のようなものがあります。

- **子どもを受け入れ**、真剣に話を聞き、全神経を使う。
- **子どもを励ます。**
- **子どもが正しいこと**をした時に気づく。
- **一貫性を持つ。**
- **問題があれば**話し合って、一緒に解決策を見つける。

1日に何回、自分が信頼貯金を増やすよりもむしろ減らすような行動を取っているかを意識してみてください。自分の行動を可視化するために、記録につけて投資できているかを確認してみるのも良いでしょう。信頼貯金を増やせた時は、子どもの行動にどのような影響を与えているかを観察してください。

この信頼貯金という考え方は、家族内のそれぞれの関係性にも適用できます。パートナーとの関係性を育む時にも、同じように意識することがお勧めです。

# しつけを見直す

しつけを考える時、ほめたり罰したり、子どもの行動をコントロールしたりすることを思い浮かべる人が多いでしょう。本来、「しつけ」という言葉は、「学ぶこと」「教えること」を意味します。しつけを、「大切なことを伝えるための教育の手段」だと捉えれば、子どもたちを成功へと導くことができます。

モンテッソーリ教育の考え方では、ほめたり罰したりして、子どもたちに自分の思い通りの行動を取らせることはありません。その代わりに、子どもたちの自立心、内面の規律を育み、内発的動機付けを助けます。

## なぜ賞罰は効果がないのか

なぜモンテッソーリ教育では、一般的に受け入れられている賞罰を使わないのでしょうか？

報酬は、人に一定の行動をさせるように仕向け、同じように罰の脅威は、人にある行動を避けようとさせる傾向があります。そしてどちらも誰かが見ている時や、見つかる可能性がある時にしかうまくいかず、子どもたちが、先の報酬や罰をどれくらい気にするかによっても効果が左右されるからです。

モンテッソーリ教育の目的は、家族の誰かが見ているかどうかに関わらず、子どもたちが家族の価値観や行動規範を身につけることなのです。

## 内発的動機付けを育む

内発的動機付けとは、自分が何者であるのか、どう行動するべきなのかを教えてくれる内なる声のことを指します。穏やかで良好な人間関係につながる行動を学び、ずっと続けていくた

**子どもたちが家の決まりを守り**、尊重することで、内発的動機が育まれます。家そのものだけではなく、家にある物も大切にすることの重要性を理解するようになるからです。

めの手段です。どんな子どもでも、悪さをすることがあります。大人が期待していることが分からないと、子どもたちが不機嫌になったり、限界を試したりするのは仕方のないことです。しかし本来であれば、いつも子どもと揉めたり、自分の時間がまったく取れなかったり、攻撃的な言動に対応する必要はないはずです。

親として、子どもたちに模範を示すことで、価値観や良い行動を積極的に教えることができます。また、子どもたちの感情的欲求（38頁参照）を満たすことで、「困った行動」は最小限に抑えられます。感情的欲求が満たされると、子どもたちは協力的になり、日常生活を自立して送れるようになります。具体的な実践方法については、168〜171頁を参照してください。

さらに、優しさを持ちつつも毅然とした態度で子どもに接すると、困った状況下でも家族の平和が保たれます。子どもと接する時は、子どもの能力を引き出すことを念頭に置き、どんな行動を求めているのかを明確に伝えてください。

## 「家のルール」を決める

家族の日常生活を上手に営むためにも、子どもたちには、家で何をどうするかについて、一貫した家のルールが必要です（右上参照）。家のルールによって求めていることがはっきり示され、それが一貫して守られていると、子どもたちは安心感、安全と秩序の感覚を育むことができ

### 家のルールを決める

子どもが成長するにつれて、家のルールはより細かくなります。大まかな家のルールには、以下のようなものがあります。

1 我が家では、物、動物や人間を含めたすべての生き物を大切にする。
2 家の中の物を大事に使う。

生き物や物を大切にするというのは、どういう意味なのかを家族で話し合ってみましょう。例えば、「なぜ机に座ってはいけないのか？」という疑問を子どもが持っていたとします。あなたは、「危ない、壊れるかもしれない、秩序を乱す」という理由があるから交渉不可なことであり、ルールを一貫して守ってほしいと説明します。

ます。家のルールとは、家族それぞれが守るべき共通のルールです。安全や破損、破壊に関わることは、すべて交渉の余地はありません。しかし、それ以外のことであれば、ルールについて家族で話し合う余地があります。また、家のルールの外側では、飲酒など大人には許されても子どもには許されないことがありますが、子どもたちが不公平だと感じ、不満がたまらないように、家のルールにはダブルスタンダードがないようにしましょう。

家のルールは、何が交渉可能で何がそうでないかを決めるための枠組みにもなり、子どもが頻繁に権力闘争を仕掛けてくるのを避けることができます。

# 反射的に反応せずに、落ち着いて対応する

　子育ての時期には、あなたと子どもとの間で不愉快な気持ちになったり、困ったり、恥ずかしい思いをすることは避けられません。そのような状況になった時に、感情的に返すのか、あるいは子どもの気持ちを考慮して応えるのか、大人の関わり方によって親子関係は大きく変わります。

リ教育の原則がいくつかあります。子どもの気持ちを考えながら対応することで、子どもは自律性、家族に対しての社交的な振る舞い（気品と礼儀）を身につけ、お互いに尊敬し合い、責任感を持つことにもつながります。ホロコーストを生き抜いた心理学者で多くの著作もあるヴィクトール・フランクルの名言が、この精神をよく象徴しています。

### 分かれ道

　困難な場面で子どもにどういう反応をするかで、親子関係に大きな違いが生まれます。子どもの自主性、責任感、成長を育むためにも、大人の反応が重要になってくるのです。反射的に反応するのではなく、子どもの気持ちを尊重して対応するために、覚えておきたいモンテッソー

**子どもと一緒に協力して**、間違いを建設的に訂正すると、貴重な学びの機会にすることができます。

❝ ❞

困難な状況にどのように対応するかを普段から考えることで、ストレスを感じるような時でも、子どもたちとより前向きに接することができます。

"刺激と対応の間には、空間がある。その空間に、自分の対応を選ぶ力がある。その対応の中に、自分の成長と自由がある。"

この「空間」という概念は、親としての対応を考える時に役立ちます。自分と子どもの間に何かが起こった時間と、その状況に自分が反応するか対応するかの時間の間に、空間があることを想像してみてください。この空間は、自分をコントロールすることなく衝動的に反応するのではなく、子どもの気持ちをよく考えて対応していることを確かめる大事な瞬間です。大人が感情的に返すと、状況を悪化させたり、伝えたいと思っている価値観を台無しにしてしまったりすることがほとんどです。

## いったん立ち止まって考える

親子の間には、不穏な状況が起こりやすく、対応を考えている暇などほとんどありません。あなたがすでにモンテッソーリ教育を実践していれば尚更、自分の言動が、モンテッソーリ教育の理念や自分の家族の価値観とはかけ離れていると気づいたような経験はありませんか？たとえあなたが感情的に反応してしまったことを後悔していても、結果的には、子どもが恥ずかしさや罪悪感、傷を抱えたままその場を立ち去ったこともきっとあるでしょう。困難な状況に陥る前に、家族の価値観を強化するにはどうし

たら良いかを考えておくことで、子どもたちにストレスがかかる状況でも、良い結果をもたらすことができます。

緊急事態でない限り、数秒間立ち止まって心を落ち着かせることで、思いやりを持って対応ができるようになります。精神的に追い込まれた時は、深呼吸をして心の中で3つ数えたり、数秒だけ目をそらしたりするのも良いでしょう。こうすることで、自分自身が成長する「空間」と、意識的に自分の対応を選ぶ「空間」を作り出すことができます。

### 前向きな結果

想定されるやり取りを考えたり、過去の状況を見直したりしましょう。落ち着いて対応するか反射的に反応するかで、どんな差を生むか考えてください。

例えば、家族が集まった時に、幼い子が誤って飲み物をこぼしたとします。親は、子どもが不注意だと決めつけ、イライラに任せてこんなふうに言うかもしれません。「不注意なんだから！　片付けるから、そこに立ってて」。そうすると子どもは、侮辱されたと感じ、恥ずかしい思いをすることになります。

あるいは、落ち着いてこう言うこともできます。「こぼれたね。タオル取って来てくれるかな。一緒に片付けよう」。このような対応により、子どもは責任感や新しいスキルを身につけます。また、気品と礼儀正しさを目の当たりにすることは、子どもの参考になります。

# 衝突を最小限に抑える

生活する上で、多少の揉め事や意見の食い違いは避けられません。それは例えば、子どもたちが何かを分け合ったり、順番を守ったりするのを嫌がった時、家事をしたくない時、かまってほしい時などです。衝突を完全に避けることは無理ですが、意見の食い違いを最小限に抑えるためには、いくつか対策があります。喧嘩をなくすための方法については、108～111頁を参照してください。

### 衝突の原因を見つける

家庭内での意見の不一致を避ける方法は、たくさんあります。一番良い方法は、週に1度、家族会議を開いて、喧嘩につながる状況について話し合うことです。家族会議については、22～23頁と64～67頁を参照してください。家族間で意見が対立するような問題は、家族会議で平和に解決することができます。例えば、家事の分担など（106～107頁参照）で言うと、2～3歳児であれば、「やることリスト」を作って、誰

> **❝ ❞**
> 毎週の家族会議で衝突の原因を話し合うことは、意見の不一致を避ける最良の方法の1つです。

がどの仕事をするのかを家族で決めた上で名前を書き込むようにします。大人の仕事もリストに入れて、大人も家のことをしていることが分かるようにします。子どものやることを勝手に決めずに、本人にいくつか選択肢を提示して、選んでもらうことが大切です。子どもたちが自分の生活を自分で営んでいるという意識、自分のことを自分で決めているという意識を持つことで、衝突を最小限に抑えることができます。子どもが飽きないように、週ごと、あるいは月ごとに家事を交代するのもお勧めです。不満が出にくくなり、興味も続きやすくなります。

家族内の対立を防ぐためのもう1つの方法は、全員が家のルール（41頁参照）を理解し、それに従うようにすることです。家族で決めた家のルールがあることで、家族の一人ひとりが期待される行動をすることができます。

### お手本になる

あなたの目標は、子どもが自分の感情をコントロールする方法、話すだけでなく人の話を聞く方法、そして今後のことについて双方が納得する方法を学ぶのを助けることです。あなた自身が日々の問題を他者と協力して解決し、優しさ、尊敬、理解を持って人と接するところを子どもに見せれば、子どもはあなたのお手本から学んでいきます。子どもたちは、意見が対立した時に、どのように対応するのか、どのようにお互いの違いを解決するのか、どのように妥協する

のか、意見が対立した両者にとっていかに納得する解決策を見つけるのかなど、衝突との上手なつきあい方を学ぶ必要があります。

## 衝突を抑える

喧嘩を始めた子どもたちが冷静になって、平和に揉め事を解決するために、親はどうやってサポートすれば良いのかなかなか分からないものです。多くの場合、親が揉め事に混じって状況をさらに悪化させたり、「喧嘩をやめて静かにしなさい」と権威を振りかざして喧嘩を制裁したりしますが、子どもたちにとっては助けになりません。衝突が起こった時は、以下のようにすると良いでしょう。

- **親の役割**は、揉め事に参入するのではなく、学びの機会を提供することです。
- **誰が始めたのか**、誰がよく分かっているのか、結果がどうあるべきかという先入観を捨てましょう。どちらの子どもにも責任があります。表面だけで判断せず、中立の立場を保つように努めます。
- **子どもたちのために**、親が問題を解決してしまわず、自分たちで解決策を見つけられるように導きます。

**家事の分担を決めること**で、子どもたちは家族それぞれに役目があることと役割の定義を学びます。

# 子どものそばにいることに専念する

人は誰しも、パートナーであれ、友達であれ、親戚であれ、同僚であれ、大好きな人、尊敬している人、憧れている人に自分だけを見てほしい時があるものです。もし注意を払ってもらえないと、やる気をなくしたり、がっかりしたり、無視をされた気がして悲しくなったり、自分には価値はないのではないかと感じたりするかもしれません。

## 注目してもらえることのメリット

人は、自分が注目されていないと感じると、注目を得るために不適切なことをしてでも気を引こうとします。もしくは、注目されることを諦めたり、別の人から注目を集めようとしたりするかもしれません。大人と同じように、子どもたちも存在や価値を認められ、愛されることが必要です。もし、子どもが気を引こうとする色々な試みをやめないようであれば、満たされていない感情的欲求があるというサインです。ほんの少しの時間でもいいので、子どもたちに100％の注意を向けてみてください。そうすると子どもたちは、それまでやっていたことを続けたり、自主的に何かを始めたりできるようになります。大人も子どもも、感情的欲求が満たされている時こそ、より自律性を持って行動できるようになるものです（38頁参照）。

子どもに100％の注意を向けるために、心に留めておきたい鍵になる要素がいくつかあります。

- **気が散らないように気をつけてください。**例えば、車の運転、食事の支度、テレビを見たりスマートフォンをいじったりするなど、複数のことをしていては効果がありません。
- **ほんの短い時間でも十分です。**少しの間でも全力で注意を向けると、子どもに自分が大切な存在であること、あなたが気にかけていることを伝えることができます。
- **子どもが必要としている時に、**子どものそばにいることに専念してください。子どもたちは、都合が悪い瞬間に、私たちの注意を必要とすることがよくあります。例えば、みんなが仕事や学校に行くために急いでいる時に、あなたの注意を引きたいと思うかもしれません。その行動を迷惑だと捉えるのではなく、子どものニーズに応えて、あなたがいなくても子どもが1人でもやっていけるようにするいい機会だと捉えてみてください。もしあなたがいった

**❝ ❞**

ほんの少しの間で
も、100％の注意
を子どもに向ける
ことで、子どもの感
情的欲求を満たし、
自立を促します。

**子どもの目を見て**、受容的な態度を心掛
けながら、子どもの話を全力で聞きましょ
う。あなたが、精一杯の注意を払っている
ことが伝わります。

んほかの用事の手を止めて、子どもに注意を
向けることができれば、みんなが幸せになり、
生産性も上がります。

・**いつも言葉で返す必要はありません**。大人
は、ただそこにいて静かに見守る代わりに、つ
いついしゃべりすぎてしまいます。子どもたち
は、ただ私たちにそばにいてほしいと思ってい
ることが多いのです。あなたの膝にただ座っ
て、蝶々など何かを一緒に見たり、次の予定
を話したりしたいだけかもしれません。もし言
葉で返す必要があると感じているのなら、「き
れいな物を見せてくれてありがとう！」「一緒
にいられて嬉しいな」などと心を込めて伝えま
しょう。大人はすぐに問題解決をしようとした

り、「どんな種類の蝶々か調べてみよう」「〜し
たら良いんじゃない？」など、教授モードにな
ったりしがちです。子どもたちが注目してほし
い時は、感情的な絆を深めることができる瞬
間です。子どもたちが求めているのは、情報
や解決策ではなく、あなたとの心のつながり
を感じることなのです。

ほんの短い時間でも子どものそばにいること
に専念できれば、あなたは2人の関係に投資す
ることになり、その成果は計り知れません。あな
たの子どもは、愛されている、大切にされている
と感じることになり、悪さをする必要がなくなる
のです。

# 「励ますこと」対
# 「ほめること」

多くの人が、「励ますこと」と「ほめること」を混同してしまいます。しかし、この2つは全く違うもので、子どもに与える影響も異なります。励ますことは内発的動機を高めるのに対して、ほめることはその逆なのです。

### ほめることの影響

ほめられると、子どもは他人の承認に依存するようになります。ほめることは外部からの報酬の一種で、励ましから生まれる内発的な動機の対極にあるものです。子どもたちが、日常生活でお絵描きや部屋の片付けをしたり、葉っぱを掃き集めたり、テストで良い点数を取ったりした時に、親は励ますかほめるかの選択肢があります。私たちは、子どもたちがしたことに対して、どれだけ嬉しいか、どれだけ誇りに思っているか、どれだけまたやってほしいかという気持ちを、深く考えず反射的に伝えがちです。私たちは、子どもに大人の反応を気にしてほしいわけではありません。

しかしこのようにすぐにほめてしまうと、子どもたちが私たちの承認に依存するようになってしまいます。何度も「上手ね！」「良いね！」と言い

> ## " "
>
> 励まされることで、子どもたちは満足感を覚え、誇りを持つ経験をします。これは、自信を持って成長することにもつながります。
>
> **子どもは、あなたの基準に適う仕事**はできないかもしれませんが、仕事をすることに誇りを持つことを学んでいるのです。

続けることで、大人の言葉は意味をなさなくなり、子どもたちが「ほめられ依存症」になってしまいます。意味のない賞賛の連鎖を断ち切ることは、子どもたちにとって非常に大切なことです。

ほめることは、他者からの評価や承認を意味し、結果や競争にこだわるようになります。これでは子どもにとって、次につながるような役立つフィードバックは得られません。仮に年に1回の人事評価面談で、上司があなたの仕事の5つの分野のリストを渡して、それぞれについて「良い仕事だ」「素晴らしい」「良い評判」とコメントしてくれたとします。あなたは嬉しいかもしれませんが、自分が成長するために役立つ情報は何も得られないでしょう。

## 励ましの持つ力

上司から、組織力やリーダーシップ力を磨く方法、戦略、目標を予定通りに達成する方法、あるいは自分から積極的に動く方法などを具体的に提案されると励みになる人も多いでしょう。同じように、子どもも自分自身の行動や気持ちを振り返る助けになるような質問をされて初めて、満足感や達成感を得ることができるのです。まず自信が高まり、そしてその誇りに勇気づけられて新しいことに挑戦したり、「学ぶために学んだりする」ようにもなるでしょう。励ましというのは、結果ではなく、受容、プロセス、学び、向上

### 励ますコツ

ほめられるよりも、励まされた方が、子どもたちには多くのメリットがあります。子どもたちは、自分が家族や学校、地域の一員として役に立っていると実感できます。

- やろうとしたことをやり遂げた時に、本人の苦労、きめ細やかさ、忍耐力や集中力を言葉にして認めていきましょう。
- やり遂げる過程で何を頑張ったか、どんなやり方が効果的だったか、完成した時にどう感じたか、他の人にどう役立ったかなどを質問してみます。

心、喜びに目を向けることなのです。

## プロセスに焦点を当てる

生まれてから6歳くらいまでの子どもたちにとって、発達段階上、結果よりもプロセスが大切です。この時期の子どもたちは、興味があって楽しいから何かをするのであって、多くの場合、結果は気にしていません。例えば、洗濯物の仕分けを手伝っている時に、幼い子どもたちは洗濯機や乾燥機から洋服を取り出し、部屋までかごで運び、分けてたたむことに集中しています。子どもたちにとって、靴下が揃っているとか、タオルを大人と同じようにきれいにたたむといったことは、眼中にありません。洗濯物を乾燥機から引き出しに入れるまでの過程に、達成感を覚えているのです。

# 子どもの自立を助ける

親としての目標の1つは、子どもたちが自立心と自律性を育みながら、誰しも相互に助け合って生きていることを理解するのをサポートすることです。子どもたちが乳幼児期から大人になるまでの成長に合わせて、このことを1つずつ段階的に教えていくのが私たちの役目です。

### 子どもの良き支援者になる

子どもが助けを必要と感じた時の大人の対応次第で、子どもが自分に自信を持ち能力があると感じることもあれば、人に依存しないと何もできないと思うようになることもあります。大人は、子どもたちの「訂正役」ではなく、「支援者」であり信頼できる「ガイド」であるべきなのです。私たちの対応が、子どもたちが情緒的な強さや、しなやかさを身につける助けとなるよう心掛けましょう。

❝ ❞
マリア・モンテッソーリは、次のように述べています。「子どもたちが言葉で伝えられるとしたら、自分でできるようになるのを手伝ってと頼むでしょう」。

子どもは、生まれた瞬間から学び始めます。すべてのことが初めての経験です。子どもが小さいうちは、大人もそれを心得ています。しかし子どもたちが一歩を踏み出すと、親は子どもたちに何をすべきか、常にどうあるべきかを教えているということを忘れがちになってしまいます。子どもは成長するにつれ、幼児期には手や顔の洗い方から大きくなったらお小遣いの管理にいたるまで、親から日常生活に必要なスキルを学び続けます。あなたが意識的に教える時もあるでしょうし、子どもがあなたを見て学ぶこともあるでしょう。あなたが新しいことを教えたり、理解できるように手助けしたりするたびに、子どもたちは自分の能力を高めて、自信を持つようになります。

### 子どもを導く

親は、子どもにとって最初の、そして一番影響力のある先生です。良い先生は、答えや解決策をすぐに提示したり、代わりにやってあげたりせずに、子どもたちが自分で状況を考えて、次にどうしたらいいかを計画できるような質問をします。その目的は、子どもたちが自立できるように導くことです。

「学校で誰も遊んでくれない」「この理科の課題ができない！」「膝が擦りむけて痛い！」「着たかったのに、何であの服を洗っておいてくれなかったの！」など、子どもが色々言ってくることもあるでしょう。必要に応じて援助や指導ができ

**隣で一緒にすること**
で、子どもはあなたが
どのように作業をする
のか、様子を見ること
ができます。

るように、子どもに何か言う前に、一度心を落ち着かせましょう。まず最初に、子どもの気持ちを受け止めてください。その上で、子どもたちが人間関係を築き、宿題を終わらせ、自分の身の回りのことをし、やるべきことをやり遂げ、問題を解決するのに役立つような思いやりのある質問をしてください。子どもがあなたを頼ってきた時に、愛を持って導いてあげることで、子どもは自分には能力があること、そして、必要な時には助けを求めてもいいのだということを学べるのです。

靴紐の結び方であれ、お皿の洗い方であれ、子どもに正しいやり方を教えたい時は、次の基本原則に従ってみてください。

- **作業を正しくこなすために、**必要なステップを分析して伝えてください。

- **1つずつ、ゆっくりと丁寧に作業を見せ、**子どもが「自分でもやってみよう」と思うように誘います。

- **やり方を見せている間は、しゃべらないように**してください。話すのであれば、作業が終わってからにします。子どもが見ていて、「自分もやってみたい！」と思えるように、ゆっくりと丁寧にやり方を見せてあげてください。最初のうちは失敗がつきものです。作業を正しくやるにしても、誤って汚してしまった後始末をするにしても、失敗することこそが学びの機会となります。

# 3章

モンテッソーリ教育で
変わる
家族の暮らし

# 好奇心をくすぐる
# 家庭環境

　モンテッソーリ教育の教室は、学習者である子どもたちのために設計されています。家庭でも同じように、それぞれの家族に合ったモンテッソーリの理念を取り入れた環境を作ることができます。

　モンテッソーリ教育の教室は、年齢や興味、スキルの違いに関係なく、秩序感、独立性、快適さが保たれ、知的好奇心が刺激されて、学ぶことが好きになるように意図的に設計されています。これは、モンテッソーリ教育では、「整えられた環境」と呼ばれています。同じようにあなたも、いくつかの簡単な手順を踏むことで、「整えられた環境」を家庭で作ることができます。家族一人ひとりの年齢や興味、能力を考慮しながら、家庭の環境を整えてみてください。

**❝ ❞**

家族みんなの好奇心をくすぐる家作りをするためには、家族の好きな物が反映され、整理整頓されていて、かつ美しい環境を作り出すことが重要なポイントです。

# 主要な原則

　家庭でモンテッソーリの教育方法を取り入れて楽しく暮らすための、3つの基本原則を紹介します。

　モンテッソーリ教育の原則を家庭で実践するためには、自宅の大きさに関係なく、家庭環境が整理整頓されていること、見た目が美しいこと、そして家族の興味が反映されていることが大切になります。

## 物を決まった場所にしまう

　家を整理して、物がすぐ見つかるように収納方法を工夫しましょう。整理整頓してすべての物を定位置にしまうことで、家の中に秩序が生まれます。子どもが幼い頃から自分で物を取り出せる環境にいることで実践的なスキルが身につき、積極的に家事に参加できるようになるので、自立心がどんどん旺盛になります。

## 美しさを心掛ける

　家族や来客にとって、温かみがあって、魅力的で、片付いている快適な家を目指しましょう。もちろん子どもと大人の趣味にずれがある可能性があるので、そんな場合は、子ども部屋に子どもの趣味を反映させることをお勧めします。例えば、子どもが好きな壁紙の色を選んだり、興味を持っているイマドキの文化や歴史を装飾に取り入れてみたりといった具合です。

## 大人の趣味を反映させる

　本、アート、音楽に関わる物を家に置くと、子どもの好奇心がかき立てられます。一緒に何かをし、学べる物がお勧めです。その中に、子どもに紹介したいと思っているあなたの趣味や特技に関わる物も取り入れます。例えば、信仰心や伝統を祝ったり、象徴したりするような物、自然コーナーや運動用の空間、自宅図書館、ペット、望遠鏡、アトリエ、音楽を聴く場所などかたちは自由です。アイデアや興味を探求し広げることが、家族の目標となるような家庭を目指します。

**家の中の整理整頓を心掛けることで**、子どもたちは物には決まった収納場所があるということを学びます。

# 子ども部屋

子ども部屋は、子どもにとって特別な空間です。たとえ兄弟姉妹と一緒に使っていたとしても、自分の部屋に愛着を持っているものです。ぬくもり、快適さ、安全性、秩序を感じさせ、子どもの個性や移り変わる興味・関心を反映できる部屋を作って維持できるように手伝ってあげましょう。

## 主体性のめばえ

子どもが乳幼児の時は、家具もおもちゃも服も親が決めます。3歳頃になると、自分らしい考えを持ち、部屋をどうしたいか言えるようになります。最初は少しずつ子どもを巻き込みます。例えば、あなたが象の絵を選び、子どもには置き場を決めてもらいます。「タンスの横に象さんを置く？ それともベッドの近く？」など、選択肢を提示すると良いでしょう。子どもが大きくなると、もっと協力的に決められるようになり、最終的にはほとんど自分で決めるようになります。

子どもが自分の部屋の計画やデザインを手伝うことで、自立心や創造性、問題解決力、そして秩序感を身につけます。子どものために一緒に部屋を整えることで、子どもにとってワクワクして、快適なお気に入りの空間になるでしょう。

## 気をつけたいこと

モンテッソーリ教育を意識した子ども部屋を作る際に、すべての年齢の子どもに対して次のことを参考にしてください。

- **家のルールを決める**。家族の価値観に沿って、子ども部屋に置いて良いものについて基本のルールを決めましょう。例えば、飲食は良いのか？ パソコン、携帯電話、その他デジタル機器、ゲーム機は持ち込み可能か？ ペットはいつでも出入りできるのか？

- **子どもの目の高さに、物を吊るす**。子どもの背丈に合わせて、写真やコルクボード、絵画の設置場所を決めましょう。

- **秩序を保てるように手伝う**。おもちゃや持ち物は、視覚的に分かりやすく並べます。コンテナやおもちゃ箱を用意すれば、子ども部屋を簡単に片付けられると思う方も多いでしょう。しかし、あまりにも多くの物が雑然と放り出されていると、子どもたちは何をすれば良いか分からなくなってしまいます。物の定位置が決まっていると、子どもたちは秩序を感じることができるのです。何度も繰り返し、一貫性を持つことで、子どもも決められた場所に物をしまうようになります。大きな容器やごった返した棚を使ったりする代わりに、子どもが小さいうちは手の届く棚に8〜12個のおもちゃなどを置いておくと、片付けの習慣が身につきます。もしおもちゃに飽きたら、しばらくはしまっておき、新しい興味を引き出すために別のおもちゃを置いてみます。

- **幼いうちから、手が届く場所に服を置く**。洋服ダンスのポールの高さを下げたり、引き出しの下段に子どもの衣類を収納したりします。

これは子どもの秩序感に訴えるので、1歳半くらいになって自分で着替えられるようになる頃に、1人で着替える助けになります。

- **子どものサイズや欲求に適う家具を選ぶ。** 初めてのベッド、布団や二段ベッドであろうと、快適で安全が保たれ、子どもが自立できる寝床を用意します。スペースがあれば、子ども用の机と椅子を子ども部屋に置くのもお勧めです。
- **本を置く場所を作る。** モンテッソーリ教育では、本を大切にしています。本は、家のどの部屋にもあるのが良いでしょう。子ども部屋には本専用のスペースを設けることで、子どもたちは本を大事なものとして丁寧に扱うことを学びます。
- **照明に気を配る。** 自然光に勝るものはありませんが、子ども部屋の照明にも配慮しましょう。目を酷使せずに、読んだり書いたり、絵を描いたり、ほかにも色々なことをするのに適した明るさのさまざまな照明を確保することが大切です。

**子どもから見える世界を意識した部屋を作る**ために、手の届くところにおもちゃを置き、壁に掛ける物は子どもの目の高さに合わせるなど工夫をしましょう。

## 年代と段階

**1歳半～6歳**

おもちゃが多すぎて、子どもが何がしたいのか分からなくならないように気をつけます。プラスチック製や電池で動くおもちゃより、丈夫で美しく、自然素材の物を選りすぐります。

**6歳～12歳**

この時期には、勉強机、椅子、読書灯を用意して、子どもが勉強するためのスペースを作ります。子ども部屋でのデジタル機器の使用には、制限を設けましょう。

**12～18歳**

思春期になったら、あなたの同意と助言のもと、相談しながら本人に子ども部屋のデザインや家具の配置のほとんどを任せましょう。

# 台所

台所は暮らしの中心であることが多く、家族が集まって料理をしたり、おしゃべりをしたり、お互いに親密になれる場所です。特に幼い子どもたちは、台所での作業を手伝いながら、親と一緒に過ごすことを楽しんでいます。

## 使いやすいスペース

子どもが日常的な家事力を身につけられるように、台所を整理して、自分の力で生きていくための手助けをしましょう。物の定位置を決めて取り出しやすくすると、秩序正しさが生まれ、子どもが落ち着いて自信を持って台所を使いこなせるようになります。みんなで協力して食事の準備や後片付けをすることで、子どもの生活力の向上に役立つだけでなく、家族の連帯感を深められます。小さい子の場合、ちょっとの工夫で、お手伝いがしやすくなります。

- **冷蔵庫の下段を利用して**、飲んでいい飲み物や小さな水差しに入れた水、フルーツ、サンドイッチやおやつ用の食材などを入れておきます。おやつや飲み物を自分で取れるようにしておくことで、自己制御力が育ちます。
- **壊れにくい容器に**、ピーナッツバターやジャム、スプレッドなどを移しておきましょう。そうすると子どもは持ったり運んだりする運動能力の

## 年代と段階

**1歳半〜6歳**

取りやすいところに物を置くと、自分で食べ物を取り、準備し、片付けられます。衝動を抑制する力や運動調整能力が発達すると、子どもサイズの陶器のお皿、ガラスのコップ、金属製カトラリー*を使います。4歳頃までは、よく切れるナイフではなくバターナイフを使います。

**6歳〜12歳**

この年代の子どもは、簡単な調理作業なら十分に手伝えます。基礎的な栄養学や食材や調理器具の洗い方、安全な食べ物の保存法などを教えてあげましょう。

**12〜18歳**

ティーンエイジャーは、献立を考え、食材を買いに行き、調理して、片付けるまで、すべてを手伝えます。

**取り出しやすいように**、お皿やコップ、ボウル、スプーンやフォークを置いておくと、幼い子どもの自立を促します。

*[訳注]ナイフやフォーク、スプーンなど。

## " " 体験談

**ブレンダンとアン・マリー（オーティス〈4歳〉の両親）**

オーティスが生まれてから今日まで、私たち夫婦は、オーティスの育ちの段階に応じて、家の中に90センチの小さな人が必要な物に手を伸ばしやすく機能的な空間を作り、彼がやりたいことを安全に楽しめるようにすることを心掛けてきました。

台所には、昼食やおやつを食べる時に、オーティスが自分で食器類を取り出すことができるように、彼専用の食器棚があります。踏み台もあるので、調理台を使って自分で食べ物を用意することもできます。

オーティスは、特にクッキーやケーキ、パン作りを手伝うのが大好きです。パン作りは、彼の一番のお気に入りです。オーティスは幼稚園でもパンを焼いたことがあるので、ある程度経験もあります。パン生地のこね方を私たちに見せてくれる時は、とても誇らしげでした。彼に適切なサイズのキッチン環境を用意し、そこでしたいことをさせてあげることで、好きなように物を並べ替えて、安全に整理整頓することができます。

習得に取り組むことができ、自分でうまく材料を取り出して片付けられるようになります。

- **スペースに余裕があれば**、子どもサイズの机と椅子を用意します。これで、幼い子でも自分で食べ物を用意し、配膳して食べられます。
- **お皿、コップ、紙ナプキン**は、食器棚の下段や低めの棚に置きます。スプーンやフォークも低い引き出しやかごに入れます。金属製で子どもの手で扱いやすいサイズのスプーンやフォークを使うのが理想（年代と段階参照）。注文して作ったものや、手持ちの小さいものを選んで使います。3〜4歳くらいまでは、割れないお皿やカップを使うと、子どもが自信を持って安全にスキルを身につけられます。

## 料理の準備と片付け

子ども用の丈夫な踏み台や小さくて安定したステップを用意することで、幼い子どもでも洗い物をしたり、調理台で食事を準備したりすることができます。子どもが一生使える習慣を身につけるために、使った後にカウンターの拭き方を見せます。子どもサイズのほうき、ブラシとちりとり、モップも用意してあげれば、子どもが小さいうちから台所の床掃除を手伝えます。

# 食事をする場所

独立したダイニングルームがあっても、台所のテーブルを囲んで食事をしていても、食事の時間が、家族みんなにとって楽しい団欒の時間になるように心掛けましょう（78〜81頁参照）。子どもたちが食卓を整えたり、食事の後片付けを積極的に手伝ったりするように働きかけてください。

## 食卓の準備をする

家族や来客のために、いつも食卓の準備に関わることは、子どもにとって日常生活に必要なスキルを身につける貴重な機会になります。食卓を美しく魅力的に整えて、食事がみんなにとって大切な時間であることを伝えていきましょう。例えば、テーブルクロスを使う場合は、子ど

## 家族のルール〜食事編

食事は家族が集まり、食べることを楽しみ、1日の出来事を話す大切な時間です（78〜81頁参照）。楽しく、調和の取れたものにするには、以下のようなルールが必要です。

- 食事の邪魔になるので、デジタル機器、テレビ、大音量の音楽は食事中には控えましょう。
- 子どもたちが、食卓にとどまる時間を考慮します。例えば、下の子が興味のない会話を親や上の子がしていたら席を立っても良いのか、みんなが食べ終わるまで席にいるべきか、あるいは大人の許可があるまで席を立ってはいけないのかなどを考えます。
- お皿を下げたり、生ごみをコンポスト容器に捨てたり、お皿洗いをしたり、すすいで食洗機に入れたりするなど、家族全員が片付けに協力することを確認します。

もが食卓まで運び、広げて掛け、汚れたら洗濯機に入れるなど協力してもらえることがたくさんあります。幼い子どもの場合、小さなテーブルであっても、テーブルクロスを広げるのを大人が手伝ってあげてください。テーブルクロスがあってもなくても、ランチョンマットを使うと、幼い子どもでも簡単に所定の位置に必要な物を並べることができ、秩序感を育むのにも役立ちます。

モンテッソーリ教育では、捨てずに再利用するという原則を示すのに、紙ナプキンを使い捨てにするのではなく布ナプキンの使用を勧めています。子どもは、布ナプキンのたたみ方や使い方、洗濯の仕方なども学べ一石二鳥です。

子どもの運動調整能力が高まり、興味を示すようになったら、お皿をテーブルに持って行って、各々の家族のランチョンマットの上や椅子の前のテーブルクロスの上に配膳するお手伝いができます。またカトラリーをいくつかまとめてテーブルに運ぶこともできます。子どもたちにナイフやフォーク、スプーンやお箸の安全な持ち方や、正しく配膳する方法を見せてあげてください。

**❝ ❞**

子どもも一緒に食卓の準備や片付けをすることで、自分にも家族の中で重要な役割があることを実感できます。

子どもの目線に立って、食べることについて考えてみてください。例えば、今使っているお皿や水差しは、子どもが持ち上げたり、運んだりできる軽さでしょうか？

## 年代と段階

### 1歳半〜6歳

小さい子には、親や上の子が、スプーンやフォーク、お箸などのカトラリーやナプキンを並べられるようにかごに入れて、テーブルまで運んでもらいます。3歳頃になると、力も強くなり運動調整能力も発達するので、食卓の準備や、片付けのお手伝いができるようになります。

### 6歳〜12歳

割れやすいお皿を運んだり、ガラスのコップを並べたりできるようになります。また、洗い物をしたり、食洗機に食器を入れたりすることもできます。

### 12〜18歳

ティーンエイジャーになれば、食事関連のことは何でもできるようになります。弟や妹たちに、気品と礼儀の模範を示すこともできるようになります。

子どもが重い水差しや飲み物をテーブルに運ぶ時は、手助けが必要な場合があります。どうやったら幼い子どもでも1人でできるようになるかを考えてみましょう。例えば、大人が大きな水差しをテーブルまで運んで、子どもは小さめの子ども用の水差しを運ぶといった具合です。

## テーブルマナーを身につける

食事の時間は、気品と礼儀正しさを日々身を持って示し、子どもに伝える絶好の機会です。家族の一人ひとりが関わり合う際には、マナーを守って行動しましょう。食卓を整える時、食べ物を渡す時、飲み物を注ぐ時、食後の片付けの時など、注意深くそして思慮深く動きます。

どんなことを教える時もそうですが、身につけてほしいテーブルマナーについても、あなたがお手本となることが大切です。スープを飲む方法、食べ物の切り方、礼儀正しい尋ね方、ありがとうの伝え方などを、手短に簡単に教えます。

子どもが何かを落としたりこぼしたりしてしまった時こそ、片付け方を教える絶好の機会と捉えましょう。そして子どもが礼儀正しく尋ねることや、「ありがとう」と言うことを忘れてしまったら、子どもが恥ずかしい思いをしたり、親子の衝突の種になったりしないように、正しい振る舞い方を敬意を持って思い出させてあげてください。

# 家族のための部屋と遊びのための部屋

家族のための部屋あるいは遊びのための部屋（自宅のリビングルーム、個室、部屋の中のキッズコーナーなど）は、家族が集まっておもちゃで遊んだり、テレビやビデオを見たり、ボードゲームをしたり、そのほかの活動を楽しむための気楽なスペースのことです。この共有スペースがあることで、家族の絆が強まります。

## 整理整頓する

自宅のほかの部屋と同じように、共有スペースの整理整頓を心掛けましょう。おもちゃは、あっという間に部屋の隅から隅まで散乱してしまい、歩く邪魔になる上、片付けるのも大変です。家族のための部屋を整理整頓する際には、以下の方法を参照してください。

• **どのように家族のための部屋を使いたいか**を、家族一人ひとりが考えてみましょう。例えば、あなたの家族は一緒にテレビを見たり、みんなでテレビゲームをしたりするのが好きかどうか？　あるいは、静かに読書をする場所として使うのか？　おもちゃで遊んだり収納したりする場所として使うのか？　また、物理的な部屋の広さ、家族がどのような時間を過ごしているのか？　この共有スペースにはどのような家具が適しているのか？　なども考えてみましょう。

• **部屋をすっきりさせるため**、おもちゃやゲーム、工作用の材料など、ここに置いておきたい物を空いているスペースにしまう工夫をしましょう。棚や壁掛けフックは整理整頓に役立ちます。丈夫なかごやふた付きの箱は、積み木や何かを作るための材料などかさばる物を入れるのに適しています。自分たちのスペースに合ったやり方を見つけてください。工夫して整理整頓をすることで、家族一人ひとりが使ってない物は定位置にしまうという原則に従えるようになります。

---

## 年代と段階

**1歳半〜6歳**

本やおもちゃは、子どもがすぐ取り出せる安全なところに置きます。逆に壊れやすい物や引っ張りおろすことができる物は、子どもの手の届かない場所にしまいます。

**6歳〜12歳**

子どもに、共有スペースでは家族に気を配ることを引き続き教えます。例えば、使った物はしまう、その場にいる家族にテレビが邪魔にならないか聞く、兄弟姉妹と順番でおもちゃを使うなど。

**12〜18歳**

友達が来た時に、どのように家族の共有スペースや子ども部屋を使うのかを話し合って、ルールを決めておきましょう。

**ちょっとした工夫をする**ことで、家族のための部屋や遊びのための部屋は、家族が隣り合わせでも問題なく活動を楽しめます。

- **家族が1度に持ち出せる物は1〜2個まで**というルールを決めると、安全に動き回れる空間を保つことができます。部屋に小さめのロール状のマットやラグを用意して、子どもが遊ぶ時に床に広げて使うのもお勧めです。マットを使うことで、積み木やブロックで物を作ったり、床でパズルをしたりする時も、子ども専用のスペースが分かりやすくなります。子どもや家族の興味と部屋の広さによっては、子どもたちが座ってパズルや簡単な工作ができるような机や椅子を用意するのも良いでしょう。

- **ここではどんな活動を禁止にしますか?**　例えば、鬼ごっこやプロレスごっこのようなエネルギッシュな遊びは避けたいですか?　お菓子は食べてもいいですか?

- **家の中すべての場所に適用されるルール**もあることを、念頭に置きましょう。例えば、物を大切にしたり、音楽を大音量でかけないようにしたり、部屋に食べ残しを放置しないようにしたりするなど、家族に思いやりを持つようにし、お互いが安心して過ごせるように心掛けましょう。

# 日々の戦略
# 家族会議

大切なメンバーとして受け入れられている雰囲気を作るために、家族会議
はモンテッソーリ教育の大事なポイントの1つです。家族会議には全員が参加
し、発言権を持ちます。家族会議の考え方については、22〜23頁を参照して
ください。

子どもにとって、自立して家を出るまでの子ども時代に毎週の家族会議から学べることは、かけがえのないものです。子どもたちが自分の家庭を持った時だけでなく、仕事場や社会でも、家族会議で培ったスキルを使うことができるからです。

家族会議の進行役は、交代で担当していき、家族全員が会議を仕切る機会を作ります。進行役をするのは、経験が多い人ほど得意なことかもしれませんが、そうでない人にとっては人生において大切なスキルを学ぶ貴重な経験になります。年長者から始めることで、子どもたちは

進行役の役割を観察して準備をすることができます。4歳の子どもでも、家族の援助があれば、この役割を十分に担うことができます。進行役を交代することで、それぞれがリーダーとしての力を発揮し、新しいスキルを身につけていけるのです。

家族会議は、締めくくりの活動も合わせて20〜30分くらいで行うのが一般的です。もし時間内に問題が解決しないような場合には、次週に持ち越してください。一貫性を持たせるために、66〜67頁に記した一連のやり方に沿うことが大事です。

" "

家族会議は、一人ひとりが順番に自分の気持ちや
考えを表現できる場です。言いたいことが言い合え
る開かれたコミュニケーションにつながります。

## " " 体験談

ジョンとソフィー（クーパー〈18歳〉とマデリン〈15歳〉の両親）

　長男のクーパーが5歳、長女のマデリンが2歳だった頃、私たちはモンテッソーリの理念に沿った子育てができているのか疑問に思い、夫婦で育児教室に参加しました。ここで学んだことで最も大切な子育て方法の1つが、週に1度の家族会議でした。

　育児教室後、すぐに家族会議を始めました。ただおもちゃで遊んでいるだけだと思っていた幼児が、家族の会話からいかに多くのことを学ぶかなど知る由もありませんでした。でも2人とも自分たちのペースで、進行役やリーダーとして、そして創造性を持ち問題解決に長けた人に成長していきました。そして子ども同士で、また両親に対しても共感と感謝の気持ちを持つようになりました。

　小学校を卒業する頃には、家族会議に変化がありました。子どもたちが小さかった時に比べて、会議が毎週というわけにいかなくなり不定期になりました。それぞれが忙しかったのですが、誰かが何か相談したいことがあった時には、家族で時間を作って話し合い、一緒に解決するようにしていました。

　家族会議の一番良いところは、お互いを認め、感謝の気持ちを表す時間が持てることです。大人がうっかり家族会議の時間を忘れてしまうと、どんなに忙しくても子どもたちがいつも注意してくれています。

# 家族会議の
# 実践方法

## 1
## 家族会議を始める

　毎週の家族会議は、理想的には決まった時間に開きます。まずは、感謝や相手を認める気持ちを伝えることから始めます。こうすることで、家族会議の時間に対する前向きな気持ちを共有することができるほか、一人ひとりの成長や貢献に目を向ける機会にもなります。最初に進行役が、家族の1人を選んで、その人がその週にしてくれたことに対して感謝の気持ちを表します。続いて、ほかの家族も同じように感謝を述べていきます。

## 2
## 問題を話し合う

　一週間の間に、それぞれが話し合いたい議題を予定表に加えます。進行役は、家族会議ですべての項目に触れ、全員で意見を交換し合います。この過程を通じて、子どもたちは家族の一員として、相手を批難したり辱めたりすることなく、問題を解決する方法を練習します。進行役は、家族のみんなが創造性を発揮し、思いやりを持って問題解決に集中できるように手伝いながら、スキルを身につけていきます。議題を次週に持ち越す判断をする場合もあります。

## 3
## 今後の予定を話し合う

　一人ひとりが、翌週に自分のやるべきことを発表します。例えば、ある日の夕方には子どもがダンスを披露する予定があるかもしれませんし、別の日には親が仕事の会議で発表をするかもしれないという具合です。翌週の予定を全員が把握していることで、家族が何を期待しているかが分かるようになり、お互いに助け合うことができます。子どもたちは知らず知らずのうちに、家族の要望や心配事、課題や活動を察知することを学んでいくのです。

## 4
## 最後の仕上げ

　15～20分ほど話し合いをした後、最後の10分くらいは進行役が選んだ活動を家族全員で楽しみます。ゲームや短い散歩など、家族全員が参加できて、やりとりのある対話的な活動を選ぶことが望ましいです。スマートフォンやデジタル機器などのスクリーンを使う受け身的な活動は、できれば避けるようにしましょう。楽しい活動を最後に取り入れることで、盛り上がるだけではなく、家族全員が前向きな気持ちで家族会議を終えることができます。

" "

家族会議に参加することで、子どもた
ちは他者と一緒に問題を解決する方
法を学びます。

**家族全員**（遊びに来ている
る祖父母や親戚も含め）
が、会議に参加します。

# 散らかしてもいいスペース

趣味、関心のあることや活動に使う物は、散らかりやすいものです。また、別の日にも作業が続けられるように、必要な材料は置きっぱなしにしておかなければいけない時もあるでしょう。家の中に「散らかしてもいいスペース」を設けることで、混沌とした状態になることなく、家族それぞれが好きなことを追求できます。

### 整えられた「散らかし」スペース

子どもが「散らかる遊び」に没頭できるスペースを用意してあげることで、創造性が高まります。幼い子どもたちは、親とできるだけ一緒にいたいと思っています。ですから、散らかしてもいいスペース作りをする際には、家族一人ひとりの楽しみ方を考慮して、それが同じ空間でできるかどうかを考えてみましょう。

## 年代と段階

**1歳半〜6歳**

部屋の一部の床に厚手のビニールシートを敷いたり、子どもサイズの机に洗えるカバーをかけたりします。絵の具や筆、粘土などの必要な道具は、小さな棚や棚の所定の場所に置きます。子ども用のイーゼルを購入するのも良いでしょう。子どもが作業をしている時は、同じ場所にいるようにして、必要に応じて手助けをし、安全を確保してください。

**6歳〜12歳**

子どもの興味やスキルレベルに合わせて、高度なアートや工作の材料や道具を用意しましょう。年齢が上がるにつれて、大人がいつも見ていなくても作業ができるようになります。

**12〜18歳**

子どもの成長に伴い、その子の特定の趣味を反映させたスペースに変えていくようにしましょう。

**子どもに散らかる遊び**を楽しめる場所を準備してあげると、自由に創造的な活動を行うことができます。

## " " 体験談
### タラ（ジョン〈7歳〉の母）

息子のリュックサックの中に、輪ゴムの切れ端やセロハンテープの芯、ひもの切れ端など、私がごみだと思うような物がたくさん入っているのに気づきました。息子に何に使うのか聞いてみたら、ただ「必要だから」と言っていました。割れたビスケットなど虫が集まりそうな物はすべて処分し、それ以外は彼に任せてそのままにしておきました。ほかにも、卵のパック、牛乳パック、違う大きさの段ボールなど、リサイクルのごみ箱にあったはずの物を、自分の部屋に運んでいることにも気づきました。

本人は全部必要な物だと言っていたので、子ども部屋の「散らかしてもいいスペース」に置くことで合意しました。私は気を揉みながらも、そのままにすることにしました。ある日、息子は段ボールやほかのがらくたを使って「スムージーのお店」を作ったんです。各パーツがしっかりと接着されていました。息子は優雅にかつ礼儀正しくオーダーを取り、私たちも一緒になって遊びました。彼は、すごく誇らしげでした。息子のモンテッソーリの先生が、「やってみたい！」という子どもの意思を尊重する大切さを教えてくれていたからこそ、こういう経験ができました。先生には感謝しています。

ほかの部屋と同じですが、散らかしてもいいスペースを作るにあたって、整理整頓を意識することは大切です。こうすることで、作業に必要な道具がすぐに見つけられ、物が倒れずにすみます。散らかっていると、安全性が損なわれ、作業に集中できなくなってしまいます。

## 限られた空間内で工夫する

部屋数が限られていると、散らかしてもいいスペースを作るのは難しいでしょう。そんな時は、子ども部屋、台所、あるいはリビングルーム（年代と段階参照）を使って、どうしたら子どもの創造性を刺激する場所が作れるか考えてみてください。子どもの年齢や興味によって、必要なことも変わりますが、基本的な考え方は同じです。親が秩序を保ちながら混乱を避けるようにすると、子どもは自分の趣味や興味を自由に探求することができます。自宅に整えられた環境を用意することは、子どもたちが自由な創造力や自己表現を引き出すことにつながるのです。

# 屋外のスペース

モンテッソーリ教育では、子どもたちに、自分たちは自然の一部であり、すべての生き物は相互に依存し合っていることを教えています。屋外の環境を利用して、子どもに自然について教え、成長をサポートしながら、家族の時間を楽しむ方法を考えてみましょう。

### 屋外での過ごし方

ほとんどの子どもたちが、屋外に出て歩き回ったり、探索したり、木に登ったり、花や実を見たり、家族の一員のペットと一緒に遊んだりするのが大好きです。ですから子どもたちは、喜んで庭や屋外での作業をし、機会があれば、うさぎやアヒル、鶏などの小動物に餌付けすることを楽しんでいます。庭のないアパートに住んでいたり、屋外のスペースが狭かったり、遊具を置けるくらいの広さがあったりと状況はさまざまでしょう。いずれにせよ大人が工夫をして、子どもたちが屋外で遊び、学ぶ機会を設けることは非常に重要なことです。

### ワクワクするスペース

子どもの年齢、家族の興味、家の広さ、そして地域の気候にもよりますが、子どもと一緒に屋外を楽しむ方法を考える時には、以下のことを参考にしてください。

- **自宅の庭でも公園でも**、子どもが走り回って遊べる場所を見つけましょう。走ることの爽快感を味わえるのはもちろんのこと、手先の器用さ、敏捷性、筋力などを高められます。置くスペースがあれば、子ども用のバスケットゴールやスポーツネットなどの道具を使えば、子どもたちの良い刺激になります。

## 年代と段階

**1歳半〜6歳**

子どもの関心を、植物、木、種、果実、小動物などに向けさせます。自然にあるものを認識して、名前を覚えることに役立ちます。

**6歳〜12歳**

落ち葉を掃き、小枝を拾い、草を刈るなど、家族一丸で、屋外スペースをきれいに保ちましょう。12歳頃には、芝刈りの手伝いもできます。

**12〜18歳**

ティーンエイジャーには、ガーデニングに興味を持たせましょう。例えば、種からハーブを栽培するのもお勧めです。

> ❝ ❞
>
> 子どもたちの成長を助けて自然界について教えるために、屋外で遊んだり学んだりする機会を設けることは、非常に重要です。

子どもと一緒に屋外で過ごすことは、子どもが自然のサイクルを学び、環境を大事にすることを教える機会になります。

- **子どもの想像力をかきたてるような屋外の活動**を考えてみましょう。例えば、砂場やブランコはお勧めです。ほかにもスペースがあれば、クライミング用の壁、おもちゃの家、ツリーハウスも良いでしょう。
- **スペースがあれば**、屋外用のテーブルで一緒にご飯を食べたり、読書や絵を描いたりすることができます。
- **日差しを遮るために**、日陰を作りましょう。
- **花や野菜を育てる家庭菜園**を考えてみましょう（112頁参照）。小さな庭でも、コンテナでも、鉢植えや窓辺のプランターでもかまいません。
- **家族で楽しめるような近所の公園**、ハイキングコース、地域の畑を見つけてみましょう。
- **もっとやりたい人でスペースがあれば**、数匹の小動物を飼うための小さな小屋を建てることも考えられます。ふれあい牧場へのお出かけも良いでしょう。

## 地球を守る

　庭での自然観察、大自然でのハイキング、窓辺でのハーブ栽培など、子どもと一緒に自然に親しんでください。これにより、人はみな、自然とつながっているだけでなく、自然に依存していることも学べます。より幼い時から屋外で過ごす時間を持つことで、生き物と環境の関係性をよく理解できるようになります。

- 屋外で過ごすことで、植物や動物が、気候や土壌、地理的特徴、さらにはそこに住むほかの植物や動物に影響を受け、それぞれが餌を食べ、成長し、繁殖していることが理解できます。子どもたちは、都市や郊外でも自然を大切にすることで、地球を守る姿勢を身につけていきます。
- 生き物を大切にすることを教えてください。花を摘むのは目的があってのことで、植物を採りすぎてはいけないことを説明します。新鮮な野草は乾燥させたり、押し花にしたり、花瓶に生けたりして、できるだけ長く保存します。花の種類を比べたり、花びらや雄しべの数を数えたりして、花の研究をすることを勧めてください。天候の変化に合わせて、木の実や果物、ベリー類を探し、それらがどのように分布しているか、どのような動物が食べているか観察してみましょう。

# 日々のルーティン

モンテッソーリ教育を意識する家庭の決め手となる
概念の1つは、子どもたちが日々の生活の中で、自立す
ること、自分を律すること、整理整頓を学べる環境を整
えることです。

モンテッソーリ教育の子育ては、子どもの行動や選択に制限
を設けない「甘やかす子育て」の考え方とは大きく異なります。
また、親がルールを全面的に決めて、子どもたちはただ従うこ
とを求められ、決定権もないような家庭とも異なります。モンテ
ッソーリ教育のやり方は、きっぱりとしていても、心に寄り添い、
温かみがあると言えます。その目的は、子どもたちに、自分たち
の意見に価値があることを知ってもらうことです。子どもたちは
自分のことは自分でできるようになり、自主性を身につけていく
と同時に、自由には責任が伴うことも学んでいきます。この章
では、子どもが成長するために必要な日々の仕組みやルーティ
ンについて考えていきます。

**" "**

1日のうちのどこかにルーティンを組み込む
ことで、子どもたちは日々の仕組みに支え
られていることを実感するようになり、自立
することを教えられます。

# 柔軟な枠組み

子どもたちは、日常生活の中に多すぎず少なすぎない、言わば「ちょうどいい心地よさ」を持ち合わせた適度な規則正しさとルーティンがあると、最も良い反応を示します。

ルーティンが家族の助けになる主な場面は、朝の起床と身支度、食事の時間、就寝時でしょう。家族の自由時間をどのように構成するか、スクリーンタイム＊をどのように管理するかも重要なポイントです。

ルーティンとは、特定の状況下で従うことで役立つ毎日の一連の流れを考えることです。その順番は厳密である必要はありませんが、日々の仕組に支えられていると感じられると子どもは安心するので、ストレスや喧嘩が減ります。

## 切り替えの時

子どもたちは、1日のうちにある活動から別の活動に切り替え、別の場所に移動する必要があります。例えば、朝食から遊びの時間への切り替えや、学校から習い事への移動などです。切り替えに助けが必要な子もいれば、問題ない子もいます。子どもの性格や欲求を理解して、やり方を工夫してみましょう。優しく注意するだけで十分なのか、それとも切り替えのために具体的なサポートが必要なのかを把握し、細かいサポートが必要な場合は、次のやり方を参考にしてみてください。

- **キッチンタイマーをセットして**、子どもが着替えや朝ご飯の準備などの作業に集中できるように10分間計ります。
- **心を落ち着かせる方法が**、外遊びから夕ご飯への切り替えには有効です。例えば、家に上がる前に、玄関先に座って水を飲んだり、呼吸を整えたりするのも良いでしょう。子どもにテーブルの準備や夕食の下ごしらえなど、一緒にやるべきことを思い出させます。
- **子どもによっては**、「チェックリスト」が役立ちます。チェックリストは文章でも、起床や歯磨きなどの行動を表す簡単なイラストでも良いでしょう。

**1日のいつ何をするべきか**を具体的に書き出した視覚的な「チェックリスト」が、役立つ子どももいます。

＊ [訳注]テレビやパソコン、スマートフォンやゲーム機も含めてデジタル機器を使用する時間のこと。　　73

# 1日の準備
# 〜乳幼児

　1歳半〜6歳くらいまでの子どもたちは、ルーティンや規則正しさを必要としています。それと同時に、モンテッソーリ教育では、「子どもに従う」ことも大切にしています。子どもが必要とするルーティンや規則正しさと、一人ひとりの個性とのバランスを取ることを目指していきましょう。

**前の晩に洋服を準備することは、**忙しい朝の貴重な時間を節約するための簡単な作業です。

## 雰囲気作り

　モンテッソーリ医師によると、大人は穏やかで静かな存在感を示せるように、その日の自分自身の調子を整える必要があります。ルーティン通りに早起きをしてジョギングに行ったり、その日にすることを考えながら静かな音楽を楽しんだり、好きな本を読み進めたりすることで、よりリラックスして1日を始めることができます。また、大人のこういった姿勢は、小さな子どもが落ち着いて安心して過ごせる手助けになります。

## 順調なスタート

　幼い子どもたちにとって、自分の欲求が満たされているという信頼と安心感を得るために、一貫性とルーティンは不可欠です。とはいえ、予定は厳密ではなく、子どものことを考えながら立てることが大事です。以下の朝の準備のコツを参考にしてください。

• **前の晩に、子どもと一緒に洋服やお弁当の準備**をしておきます。朝ごはん用にテーブルの準備をし、3〜5歳くらいであれば、朝に自分で朝ごはんの用意ができるように手助けしましょう。もし子どもが幼稚園などにお弁当を持って行っているなら、おかずの希望を言えるので、お手伝いをするのも楽しいでしょう。体に良い食べ物を用意して、子どもにも選んでもらいます。自分で選ぶことによって、食材やバランスの取れた食事について学べます。また自分で決めた方が、好き嫌いを言わずに

食べる可能性が高くなります。週末に一緒におやつを作るなど、調理が自分でできるようになるように誘ってみるのも良いでしょう。

• **頭の中で考えたものでも、実際に書いたもの**でも良いので、1日の始まりにする「朝にやることリスト」を作りましょう。赤ちゃんの食事や着替えから、上の子の朝食の世話、自分の朝食まで、どんなことでもすべての作業を書き出します。それをもとに、家族会議でどの作業を誰がするのかを話します。決まった朝の

仕事があると、子どもの習慣作りに役立ちます。すんなりと習慣化できるようになる子もいれば、順調に進めるためにイラストを使った表などが必要になる子もいるでしょう。

• **朝の準備に十分な余裕を持つようにして、多**少計画が狂ったとしても対処できるようにしておきましょう。コップのジュースがこぼれたり、犬がゆっくり歩き散歩に時間がかかったり、小さい子がおもらしをしてしまったりするなど、ハプニングはつきものです。

## " " 体験談
### アリシア（チャーリー〈2歳〉の母）

息子は着替え終わった後、トイレに行きたそうに体を揺らしていたんです。私がおまるを使うか聞いても、息子は「いらない」と言うばかり。家を出る時間になると、足をもっと小刻みに揺らしだしました。「本当におまるいらないのね？」と聞いても、息子はまた「いらない」との返答。

でも限界がきたと判断して、「おしっこに行こうね」と言って、息子を抱きかかえ

ておまるまで連れて行きましたが、時すでに遅し。息子のおしっこが私の洋服に垂れてきていました。待ちすぎた私のせいです。子どもと一緒に、汚れた服を脱いで洗濯機に入れて、新しい服を用意しました。私が立ち止まって、最初から「トイレに行って、おしっこしてみよう」と言っていれば状況は違ったかもしれません。急いでいて、私は避けられないことを避けようとしていたんですね。息子だけでなく、私自身も練習が必要だったことに気づくことができました。

# 1日の準備
# 〜小学生以上

6歳〜思春期くらいの子どもであれば、より多くの責任のある仕事をしたり、自分の時間を管理したりすることができるようになります。それに加えて、幼少期に親から学んだ家族の価値観を、実際に行動に移せるようにもなってきます。

## 暮らしに役立つ手段

子どもたちは、毎日の生活の中でスキルや知識、信念を身につけて、実践していきます。これらを使うと、必然的に途中で失敗することもありますが、子どもたちはいつの日か自立するための準備をしているのです。子どもが小さい時か

## 全神経を子どもに集中させる

忙しい朝に、子どもに全神経を集中させるのは難しいものです。例えば、朝の準備中に、子どもがあなたに何かを見せにきたとしたら、後回しにしたくなるかもしれません。その結果、子どもは無視されたと感じて、協力的でなくなる可能性があります。

### 代替案

今度は、数分でも手を止めて、子どもが興味を持っていることに全神経を集中させることを想像してください。子どもの欲求は満たされ、時間とエネルギーを浪費する事態に発展していたかもしれないところが、かえって心が繋がる特別な瞬間になります。誰もが自分のやるべきことに戻れ、お互いに気持ちよく過ごせます。

らルーティンを決めておくと、ストレスを最小限に抑えることができ、自分の力を発揮できるようになります。

6〜7歳と10〜12歳の子どもたちは、新たな発達段階に突入することを、決して忘れないでください。新しい段階に入ると、子どもたちは学んだことの多くを失ったり、忘れたりするように見えます。集中力が続かず、不器用で要領が悪く、非常に混乱しているように見えるかもしれません。体や心が変化していくと、いつもの秩序感や習慣が乱れたりして、混乱したりすることがあります。前の晩にできるだけの準備をしておくことで、朝のドタバタはかなり軽減できるほか、親も何かあっても辛抱強く子どもに接することができます。

## 1日の始まりの予定

子どもが小さかった頃と同じで、その日のために何をすべきかを考えて準備をし、全員が1日の良いスタートを切れるように計画を立てましょう。

• **夜に、子どもの作業や家族の時間が終わった**タイミングで、ランドセルやリュックサックに宿題と本を入れるように促し、翌朝までにまとめさせておきましょう。子どもが学校にお弁当を持って行く場合は、前の晩に一緒に作ったり子どもが自分で作ったりして準備することができます。学校や放課後の習い事に必要な着替え

を、あらかじめ準備しておくのも良いでしょう。

- **この年頃の子どもなら、目覚まし時計が使える**ようになります。もちろん洋服を着替えたり、身だしなみを整えたり、食事をしたりすることも自分でできます。しかし、思春期の子どもは、早起きが苦手だということを覚えておきましょう。研究によると、思春期の子どもたちのバイオリズムは変化しており、遅くまで起きていたり、長時間眠ったりするようにプログラムされています。通っている学校が、授業開始時間を遅くするなどの配慮をしていない場合、早めに目覚ましをかけて、起きる時間に余裕を持たせるように子どもに提案してみましょう。

- **歳の違う兄弟姉妹で一緒に協力**し合うように促しましょう。例えば、年上の子どもが朝食の準備をしている間に、年下の子どもはペットに餌をやるといった具合です。年上の子どもが、年下の子どもの髪をとかしたり、結んだりするのを手伝うこともできます。

- **家の鍵を閉める、電気を消す、残り物**や**汚れた食器を片付ける**など、出かける前にしなければならない仕事を子どもたち全員に割り振ってください。

- **出かける準備をします**。例えば、子どもを車で学校まで送って行くのであれば、誰が運転を担当しますか？　誰が下の子どものシートベルトをつける担当をしますか？　もし公共交通機関を使うのであれば、定期券などの準備はできていますか？

**朝の準備を家族で一緒にすれば、**時間効率が良く、お互いに助け合う雰囲気が生まれます。

# 食事の時間
# 〜乳幼児

　1歳半〜6歳くらいまでの食事の時間は、大きく進歩していきます。3歳頃までは、親は自分を後回しにして、まずは子どもにご飯を食べさせるでしょう。とは言え、すぐに子どもと一緒に食事ができるようになり、これは子どもにとっても大きなメリットです。

### 最初に身につけるスキル

　乳幼児は、食べる量は少ないですが、大人より食べる回数が多いのが一般的です。子どもの食事パターンが家族と一致し始めて、自分で食べられるようになってきたら、安全に座れる椅子を用意すれば、家族で食卓を囲めるようになります。1歳の誕生日かそれ以前には、家族で一緒に食事ができるようになるでしょう。

　1歳半頃になると、手や指の使い方が上手になり、小さく切ってある食べ物を指とスプーンやフォークを交互に使って食べるようになります。スプーンやフォークの使い方を段階的に教えていきますが、プラスチック製ではなく、金属製の子どもサイズのものを使うのが理想です（58頁参照）。ナイフはバター用のナイフから始めると、正しく持ったり、ジャムやバターを塗ったり、柔らかい食材（例：バナナ）を切ったりすることを学べます。4歳頃になったら、尖ったナイフで、もう少しスキルが必要な食べ物（例：にんじん）を切る方法を教えます。大人と同じものを使うことで、子どもは自分に自信を持ち、安全かつ自在に本物のカトラリーを使いこなせるようになります。

### 一緒に食べる

　乳幼児には、新しい食べ物を試すことと、バランスの取れた食事を取ることを促しましょう。もし子どもがジャンクフードばかり食べたがり、新しい食べ物を拒否するような場合は、本人の食の好みを把握し、好きな食べ物を出す頻度は抑え、体に良い食べ物を出し続けます。食事の準備を手伝ってもらうのも有効です。

　用意した食事を嫌がる場合、子どもの気持ちを受け止めた上で、優しくしかし一貫して、食べてみるように勧めましょう。それでも食べない時でも、食卓での家族の会話を一緒に楽しめます。無理矢理食べさせたり、お皿を目の前に置いたり、違う食べ物を用意したり、デザートで気を引いたりしないでください。それよりも、気が変わったら食べ物があることを子どもに伝え、お腹が空いたら本人が食べることを信じてあげてください。子どもが癇癪を起こし始めたら、本人がお気に入りの静かな場所に誘ってください（156〜159頁参照）。

　3〜6歳では、マナーを実践できます（61頁参照）。こぼさないように食べ、食事中の会話を楽しみ、食後の片付けをするほか、モンテッソーリ教育の気品と礼儀の原則も実践できます。

**子どもサイズの金属のカトラリー**を使うことで、子どもは食事に必要なスキルを練習することができます。

“ ”
子どもは成長するにつれて、食事の時間は家族で会話を楽しんだり、交流したりする絶好の機会であることを学んでいきます。

## 顔と手を洗う

　子どもが自分で食後の片付けができるように手助けすることは、子どもにとっては素晴らしい学習の機会になり、あなたにとっては心を通わせ世話をするチャンスでもあります。しかし、大人はこの食後の時間を急いですませてしまいがちです。パッと布巾を掴んで、急いで子どもの後ろに駆け寄り、勢いよく顔や手を拭いていないでしょうか。想像してみてください。もし自分より大きくて力も強い人が、同じことを自分にしてきたらと思うと、どんなに不快か分かるでしょう。大人が勝手にやってしまうと、子どもは自分を大切にすることを学ぶ機会を失ってしまいます。

　それよりも、お湯で湿らせた布巾を2枚用意し

てください。1枚はあなた用、もう1枚は子ども用です。子どもの目線までかがんで、向かい合わせになり、自分の顔を優しく拭いて子どもに見せます。そして、子どもに自分で顔を拭いてもらいましょう。まだ顔が汚いままであれば、仕上げに優しく丁寧に拭いてあげてください。ただし、必ず本人が自分でやってみた後にしましょう。同じように、手や指もきれいにする方法も教えてあげましょう。テーブルの子どもの手が届かないところにぬるま湯が入った容器を用意して、顔や手を拭く間に布をすすぐようにすると良いでしょう。こうすることで、食後の片付けがルーティンとなり、子どもは嫌がるどころか楽しみにするようになります。

# 食事の時間〜小学生以上

子どもたちの成長につれて、家族で一緒に食卓を囲み、テレビや携帯電話の邪魔なしに食事をともにすることはだんだん少なくなっていきます。食事の時間は家族で一緒に過ごす特別な時間だと、お互いに約束しましょう。仕事はいったん脇に置いて、電話やメールは後回しにします。

## 充実した時間

大きくなった子どもたちと食卓を囲むことは、充実したものになります。以下の考え方を参照して、食事の時間を豊かな時にしてください。

- **テーブルを華やかに演出する**。朝食用の簡易なカウンターなどではなく、テーブルに座るようにします。時には、フォーマルな雰囲気を漂わせることで、食事に楽しさが加わります。

- **家族の輪を作る**。手をつないで、1日を振り返りながら黙祷するのも良いでしょう。食べ物や作ってくれた人への感謝の気持ちを表します。食事の美味しさが焦点ではなく、食事の準備にかかった労力をねぎらうことが大切です。

- **お互いのことを確認する**。食事の始まりに、その日の出来事をかしこまらずに家族に伝えてみてはいかがでしょうか。それぞれが、家族全員に聞いてほしいと思うことを話します。それは、うまくいったことや大変だったこと、がっかりしたりストレスを感じたりするようなことかもしれません。自分の仕事や社会の問題をもっと効果的にこなすために、何か新しい

ことを学ぶ必要があると感じている家族もいるかもしれません。このような場合には、お互いに情報を共有したり、時には自分や家族のために何かをしたりする約束もできます。

- **本音で語り合う**。時事問題、人生、仕事などに興味を持てるようになります。食事の時間に、ワイワイと意見交換をするのが好きな家族もいるでしょう。親にとって大切なのは、話をしたり教えたりするのと同じくらい、話を聞いて質問することです。もし誰も話したいことがなく気まずい時があっても、大丈夫です。少しの沈黙の後に、子どもが何かを思い出して話してくれるかもしれません。

- **みんなが楽しめる話題を選ぶ**。家族が好きなことは何かを考えましょう。大人の話題だと子どもは仲間外れにされたと感じるかもしれないので、パートナーだけと話すのは、食事以外の機会にしましょう。

- **引き続きサポートする**。気品と礼儀正しさ、そしてテーブルマナーを身につけられるように、手助けします(61頁参照)。叱ったり、恥をかかせたりせずに、ポジティブな方法で教えていきます。礼儀正しく食事をする方法、きちんと座る方法、物を渡す方法、割って入らずに話を聞く方法を学べるようにしましょう。例えば、自分の必要な分以上は取らないなど、ほかの人へ配慮する方法を教えることも大切です。会話が自分の望む以上に長くなった場合は、お手本としてテーブルマナーを守って食

事を切り上げる方法を見せます。

- **子どもがお芝居をしていたり**、詩を学んでいたりするのならば、セリフを暗唱してもらうのも良いでしょう。モンテッソーリ教育では、子どもの能力に明らかに見合わなかったり、子どもが恥ずかしいと感じたりするようなことはしませんが、セリフを覚えることは役に立つスキルであることも認識しています。子どもの時に暗記した詩の一部を、今でも覚えている方もいるかもしれません。子どもが暗唱をした

いと思っているのか本当は嫌だと思っているのかを見極め、負担にならないように、楽しく覚える体験をさせてあげてください。

- **暖かい季節には**、夕飯の後に屋外で過ごすようにすると、自然への理解を深め、家族の豊かな時間が広がります。携帯電話は家の中に置いておき、みんなが集中できるのが理想的です。沈む夕日を見たり、落ち葉を拾ったり、鬼ごっこをしたり、夜風を感じたり、ただ静かに会話するのも良いでしょう。

**学齢期の子どもは**、自分で料理をよそったり、ほかの人が必要なものがあるか確認したりと、食事中の大きな戦力になります。

column

日々の戦略
# 当然の結果

親として私たちは、子どもが何か問題行動を取った時にもたらされる当然の結果を経験してほしくないと思うものです。しかし、大人が子どもたちをこういった経験から遠ざけることで、人生の貴重な教訓を学ぶ機会を失ってしまいます。

子どもが問題行動を取ったら、説教をして罰することで大事なことを教えようとするのが、伝統的な子育て方法です。子どもたちに有無を言わさず、「良い子でいること」を求めるのも伝統的なしつけとしてよく見られます。しかし、こういったやり方で最もよくあるのは、子どもたちは親をがっかりさせていると感じてしまうことです。罰を与えても、子どもは苦しくなるだけで、自分の行動を反省したり、改善しようという気持ちになったりはしません。

当然の結果に従うことは、多くの日常的な状況では結果が自らを物語ってくれるので、子どもたちに何かを教えたい時には最も良い方法だと言えます。親が当然の結果を邪魔せずに、子どもに本人の行動の結果をそのまま体験させると、子どもたちは教訓を覚えやすくなります。モンテッソーリ教育を意識している家庭では、罰を使ったり、過保護にして子どもたちが大事なことを学ぶ機会を奪ったりする代わりに、当然の結果を使った子育てをします。当然の結果を使う指針については、84〜85頁を参照してください。

❝ ❞
子どもたちは、自分の取った行動の
結果を体験することで、教訓を学び
やすくなります。

## " " 体験談
### チャネーン（ジャスミン〈3歳半〉とオーシャン〈1歳〉の母）

　娘のジャスミンは3歳半ですが、自分で自分のことを決めるのが大好きな子です。ある肌寒い朝に、一緒に着替えをしていました。特にその日の予定はなく、庭や家でのんびりするはずでした。外で寒くないようにもう1枚服を着るように娘に言ったところ、「イヤ、イヤ、イヤ、着たくない！　絶対にイーヤー」と歌いながら反対方向に踊り出しました。

　彼女が寒がることは分かっていたのですが、「もう1枚着ないと外に行っちゃだめ」と言うのではなく、この機会に当然の結果を使ったほうが娘のためにもよっぽど効果的だと思ったのです。娘は、長靴を履いて外に出ました。もちろんコートは着ていません。泥の台所で遊んでいるうちに、娘はこっちを向いて、「ママ、やかんの熱いやつどこにあるの？」と聞いてきました。私は彼女を見つめて、笑いをこらえながら「湯たんぽがほしいの？」と聞き返しました。娘は「うん。いると思うの。手が冷たくて、体が震えているの！　コートを着たい」と言いました。

　娘をすごく誇りに思い、自然と笑顔になっていました。当然の結果の手法が、とてもうまくいったんです。一番良かったところは、本人の意思に反して無理矢理コートを着せなかったことで、衝突したり、娘の気持ちを傷つけたりせずにすんだことでした。私は「分かった。おうちに入ろうか。ママは湯たんぽを用意するから、ジャスミンはコートを取って来てね」と伝えました。すると、娘はかじかんだ小さな手を広げて私を見上げ、微笑んで「ママ、ありがとう」と言ってくれました。

# 当然の結果の
# 実践方法

### 結果が先生になってくれる

前もって子どもに指摘したくなる気持ちを抑えて、あなたではなく、結果が教訓を教えてくれるように心掛けてみましょう。例えば、「お弁当を忘れたら、お腹がすいて困るよ!」と子どもに言うのが、事前に行動の結果を伝えるということです。こうすると、子どものせっかくの体験が台無しになってしまいます。

### 子どもに恥をかかせない

子どもが当然の結果を経験したら、それをわざわざ話題に持ち出して責めたり、恥をかかせたりしてはいけません。例えば、「お腹すくって言ったじゃない! お弁当を忘れなかったら、こんなことにならなかったのに!」と言ったりするのはやめましょう。子ども自身が、何が起こったかを十分理解しているはずです。

**" "**

当然の結果は、経験すれば分かることです。説明したり、責めたりする必要はありません。

**子どもに特定の仕事を任せたり**、行動に対する責任を持たせたりすることは、当然の結果を学ばせる良い機会になります。

## 子どもの手助けをしない

例えば、学校に子どもが忘れたお弁当を届けるなど、子どもの問題を代わりに解決しないようにしましょう。当然の結果を経験させることで、あなたに頼る代わりに子どもが自分で問題を解決し、物事を覚えておくようになります。親がいつも子どもの救出に回ると、子どもは物事を忘れがちになってしまいます。

## 罰を与えないようにする

当然の結果が出た後に、子どもを罰しないようにしましょう。自分のした行動による当然の結果を経験することで、十分教訓になっています。例えば、もたもたしていて就寝時間が押してしまったとすると、消灯前に絵本を読む時間は自然となくなります。「1カ月間、寝る前に絵本読まないからね！」と罰を加えると、子どもは納得がいかずに、ますます言うことを聞かなくなる可能性が高まります。

## 当然の結果が相応しくない時

以下の例のような状況では、当然の結果を使わないようにしましょう。

・**子どもが怪我をする可能性がある時。**子どもに暑いストーブに近寄らせて熱を確認させて、触ってはいけないことを教えるようなことはしてはいけません。

・**行動と結果が結びつきにくい時。**子どもが家の植物の水やり担当だったのに、忘れてしまったとします。2週間後に、水やりをしなかったから植物が枯れるということを、子どもがすぐに理解できると期待しないようにしましょう。

・**行動が物や他人を傷つけてしまう時。**子どもがボールを蹴って、壁を壊したり、誰かに怪我をさせたりしたら、家の中でボールは蹴ってはいけないということを学びます。しかし、この教訓は、家やほかの人への犠牲を払わなければなりません。

・**子どもにとって結果はどうでもいい時。**夕飯に呼んだ時に食卓に来なかったので、あなたは子どもがしばらくお腹をすかせておけばいいと思うとします。しかし、子どもが食事の前におやつを大量に食べていたとしたら、この方法はうまくいきません。

# 1日の始まりの出発の時

出かける時は、保育園や幼稚園、学校などのいずれに行くにしても、子どものルーティンの中では生活に変化をもたらす移行の時間です。しっかり準備をして、時間を守り、明るいムードでいることで、子どもが自信を持って1日を始められます。

### 時間を守る大切さ

毎朝、保育園や幼稚園、学校などに行く時に、身支度をし(74〜77頁参照)、時間通りに家を出て移動すること、これらはすべて子どもの人生にとって大切な教訓となります。子どもたちは、親から離れ、自分の安全を守り、自立心を育み、責任感を持つことを学んでいるのです。

時間を守ることは、人生の大事な教訓です。親に手伝ってもらって朝のルーティンをこなして時間通りに学校に到着し、あなたが毎日時間通りに迎えに来てくれるという信頼感を体験することで、子どもは時間を守る大切さを学ぶのです。送迎の時間を守り、誰が迎えに来るのかをきちんと知っておくことで、子どもは情緒的に安心を感じ、自信を持つことができます。

### 移動時間

子どもの保育園や幼稚園、学校などへの送り迎えの時間は、子どもと心を通わせる良い機会です。会話が弾んだり、あなたが運転している間に子どもが本を読んだり、歩きながら朝日を見たり、自然の植物や動物を観察したりと、素敵な時間になります。

同時に、ストレスが溜まるような状況に対応しなければならない時も多くあるでしょう。子どもたちに役割を与えることで、トラブルは未然に防ぐことができます。例えば、シートベルトを嫌がる子どもには、本人も含めて全員がシートベルトをしていることを確認する係を担ってもらいます。こうすることで、責任感を持たせ、シートベルトの重要性を理解させます。また、もし途中で子ども同士の喧嘩が始まったら、できればいったん車を止めて、静かにお互いを尊重しながら会話できるようになってから運転を再開することをはっきりと伝えてください。

### 年代と段階

**1歳半〜6歳**

靴を履いたり、着替えたり、お弁当や持ち物を用意したり、幼い子どもが何かをする時は必要に応じて手伝います。6歳までの時期に徐々に子どもたちが自立心を身につけ、自分のことは自分でできるようになるのが目標です。

**6歳〜12歳**

普段のことは自分でできるようになってきます。子どもたちが自分で身の回りの整理整頓ができるようになることを目指しましょう。

**12〜18歳**

ティーンエイジャーは、友達の存在が何よりも優先されます。また活動や交友関係に意識が集中しているので、心が混沌としてきて、細かいことにまで気が回らなくなることがあります。必要に応じて、子どもたちが軌道に乗るように手を差し伸べてください。

## 1日の始まりを前向きに

　幼い子どもの中には、送り迎えの際に、親から離れる不安を感じる子どももいます。これは幼児期には当たり前のことです。年齢が上がるにつれ、新学期や習い事を始める時、試験が心配な時、友達とうまくいっていない時などに、再び不安になることがあります。こんな時には、サポートできる方法がいくつかあります。

- **子どもと一緒に**、新しい学校などに通い始める前に、見学に行きましょう。こうすることで、新しい環境を見て、新しい先生や友達に会うことができます。可能であれば、そこで出会ったほかの家族と遊ぶ約束をしてみるのがお勧めです。始まる前から知り合いができることになります。

- **信頼関係を築くために**、子どもに対しては正直でいましょう。親が去る時には、子どもの1日を前向きに考え、どこに行くのか、いつ迎えに来るのかを伝え、素早くさよならを言います。

- **年齢が上がるにつれて**、いつ、どこで、どのようにお別れするかを子どもと一緒に決めます。

学校の門でも、行く途中でも、自宅でも良いです。子どもたちのスキルや才能を励ましながら、明るく送り出しましょう。

- **中学や高校に上がる時に**、子どもが不安を感じることがあります。心配事があれば、話すように背中を押してあげましょう。解決策の提示や同情をせずに、話を聞きます。誰かに話すことで、本人なりの解決策が見つかったりするものです。アドバイスを求められたら、例えば、「友達にあなたが思っていることを伝えたらどうなるかな?」と質問するかたちで提案してみます。子どもが求めているのは、聴いてもらうこと、求められればアドバイスをし、安全や倫理に関するサポートをしてもらうことです。これ以外は、失敗を経験して自ずと学びます。

**前の晩に持ち物を用意し**ておくと、時間管理能力を磨くのに役立ちます。

87

# 自由時間と週末
# 〜乳幼児

1歳半になったら、子どもの1日の流れを毎日同じようにして、一貫性とルーティンのある生活を送れるようにしましょう。週末のご飯の時間やお昼寝の時間、就寝時間も、できるだけ平日と同じにするようにしてください。年齢が上がるにつれて、子どもたちはより柔軟な週末の過ごし方ができるようになっていきます。

## 家族の時間

子どもがまだ小さい時は、家族の週末や休暇の時間は比較的シンプルで、スケジュールも柔軟でしょう。しかし、こういった休みの時間こそ、家でも外でも家族で何かを一緒にしたり、子どもの生活に新しい経験や人を紹介したりできる絶好の機会です。幼児期には、子どもは家族や友達のことをより深く知るようになり、祖父

**一緒に作業に取り組むこと**は、家族の絆を深める助けになります。

母との絆を深めていきます。

## 子どもにぴったりな活動

　幼児期に、子どもと一緒に余暇活動をすることは、子どもの身体的、社会的、情緒的な発達をサポートし、生活に必要なスキルを身につけるのに役立ちます。手と目の協応や脳の発達を促すような活動を選ぶと良いでしょう。また、社会性を身につけ、家族の絆を深めるために、協力して行う活動もお勧めです。

- **小さな子どもは**、力の強さと運動調整能力を身につけているところです。大きい筋肉をコントロールする力、バランス能力などの運動調整能力、筋力を発達させ、体を動かすことの楽しさを教えましょう。音楽に合わせて早く動いたり遅く動いたり、歌ったり、ヨガをしたりしてみましょう。モンテッソーリの学校ではよく見られる光景ですが、物を運びながら、かかとを反対の足のつま先につけながら歩くのもお勧めです。また子どもが手や足を動かし、大人が鏡映しにその真似をしたり、反対に大人の動きを子どもが真似したりするゲームで遊ぶのも良いでしょう。ほかにも、室内や屋外で障害物コースも設置できます。

- **子どもと一緒にプロジェクトに参加**する時間を作りましょう。木工などの趣味は、手と目の協応動作の発達に適しています。4歳頃にな

### 静かな時間

　幼い子どもたちは、もともと活発です。平日と同じように、音楽を一緒に聞いたり、話をしたりする静かな活動を自由時間に取り入れて、バランスを取ることが大事です。

　子どもが、自分の時間を持てるようにしてあげることも大切です。あなたが仕事をしている間に、子どもはあなたの近くで静かに遊ぶのも良いでしょう。これで、親が何か作業をしたり、趣味を追求したりする時間ができるだけでなく、子どもが自分で選択することを学んでいきます。

ると、ハンマーやノコギリなどの子どもサイズの道具を使えるようになります。作業時は、保護メガネをつけさせて、大人が見守るようにしましょう。

- **週末の時間を有効に使って**、子どもと一緒に台所で過ごしましょう。缶詰を使わずにスープを作ったり、パンやピザ、クッキーを焼いたりといった、料理やお菓子作りは親子の時間に理想的です。時間をかけて、子どもたちに基本的な下ごしらえや料理を教えていきましょう。

- **落ち葉を掃いたり**、散歩を楽しんだり、アートを共作したり、家族で一緒にできる活動を計画しましょう。

# 自由時間と週末
# 〜小学生以上

子どもが成長して幼児期を超えると、興味や欲求、自立度に合わせて、家族の自由時間、週末、休暇の過ごした方も大きく変化していきます。引き続き子どもたちとの時間を確保しながら、子どもたちの興味を広げられるように、バランスを取ることが大切です。

学校外での活動を通じて、子どもたちは分別を持ってスケジュール管理ができるようになります。

## バランスの大切さ

年齢が上がるにつれて、放課後や週末の活動が忙しくなるほか、家ではない場所で友達ともっと時間を過ごしたいという欲求が高まり、時間の奪い合いになります。本人と家族みんなにとって負担になるので、自由時間にスケジュールを詰め込みすぎないように気をつけましょう。子どもの活動を見に行ったり、一緒に参加したり出かけたりして、子どもとの時間を作ってください。家族一人ひとりがリラックスしたり、家事をしたり、自分の趣味に没頭したりする時間が必要だと忘れないことが大切です。

## 家族での話し合い

時間のバランスとお互いへの理解を促進するために、家族会議の時間を使って、今の予定に新しい活動を無理なく組み込めるかどうか、家族一人ひとりにどんな影響を与えるかを話し合いましょう。何に時間を使うのか、費用はどれくらいか、予算内かなど、家族みんなにとって大切なことを考慮した上で決断してください。子どもにとっても、ほかの人のことや自分が何を本当に大切にしたいのかを考え、自分の活動を決定するのにどれだけの時間や労力を費やされるのかを理解する良いきっかけになります。

● **習い事を決める時**は、子どもの意思を尊重しながら一緒に決めましょう。費用、移動時間、

## 66 99 体験談

デイビッド（エイデン〈10歳〉、エリー〈8歳〉、
ユアン〈6歳〉、イーサン〈4歳〉の父）

4人の子どもを持ち、学校、教会、近所のコミュニティーの一員として、すべての課外活動に参加していたので、自分たちの生活が忙しくなりすぎてきました。私たちの生活は、とても健康的な生活とは言えませんでした。

私たち夫婦は、毎週家族で過ごす時間を意識的に作ることにしました。土曜日には、主に自宅で、自転車で出かけた

り、散歩したり、本を読んだり、ゲームを楽しんだり、料理をしたり、お菓子を作ったり、食事をしたりして、家族だけで1日を過ごすための時間を設けました。時々は、動物園やレストランなど、私たち家族が楽しみにしている特別な場所に出かけることもあります。日曜日の教会の後は、遠くからの来客や、特別な祝い事や集まりの場合は別ですが、休息日として必要な家事を終わらせるようにしています。

新しい活動が家族の時間にどう影響を与えるか、家族一人ひとりがどのくらいの時間を費やす必要があるのか十分に話し合います。
- **教育、信仰、文化に関連し、親として譲れない**活動や習い事に関しても、なぜ大切なのかを分かってもらうために、きちんと話し合います。
- **制限を設けることを考えましょう。**親が活動を安全と判断するかどうかが、制限の焦点になります。制限を設けることで、子どもたちは活動を次から次に変えるのではなく、約束を守ることを学んでいきます。例えば、子どもが音楽教室に行きたいと言った場合、連続したレッスンに申し込んで、数週間後にやめるこ

とにならないように、どれくらい通うのかなど、子どもと時間の約束をすると良いでしょう。

特に思春期には、こういった話し合いが重要です。思春期の子どもは、親から離れたい時期で、自分の意見を持った一個人であると思いたいのです。話し合って議論することで、コミュニケーションを円滑にし、理解を深めます。思春期の子どもたちにとって選択の自由は大事ですが、親はその影響を理解させる必要があります。もし子どもたちが譲らないようであれば、時には、思慮のない選択をした当然の結果を経験させることも必要かもしれません。

# スクリーンタイムの管理
# 〜乳幼児

子どもの人生の最初の段階から、どのくらいのスクリーンタイムを許すのかを、子育てのパートナーと話し合いましょう。大人の習慣や行動が子どものお手本となることを念頭に置いて、自分たちのスクリーンタイムの習慣を見直すことも大切です。家族全員が守るべきスクリーンタイムのルールを決めましょう（96頁参照）。

### 子どもへの影響

昔から子どもたちの価値観や世界に関する知識は、家庭、学校、若者のグループや活動、信仰に基づく組織、仲間という5つの文化的な影響によって形成されます。テレビも子どもたちの注意を引き、今日ではデジタル機器やゲーム、アプリ、ソーシャルメディア、オンライン動画も参入し、非常に強力な6番目の文化的影響力だと考えられています。多くの親が、この分野に関する知識

があまりなく、コントロールできないのが現状です。幼い子どもたちでさえ、デジタル機器に夢中でしゃべらなくなり、対面のコミュニケーションがますます犠牲になっています。

### 学びの種類

赤ちゃんや幼児がテクノロジーに触れることで、より学習速度が早くなると、親を説得するための巧みなマーケティングが行われています。しかし研究によると、実際に立体的な実物に手で触れたり、現実世界を体験したり、他者と交流したりすることこそが、乳幼児の学習には最適だと言われています。モンテッソーリ医師は、

**幼い子どものスクリーンタイムに付き添う**ことにより、お互いに創造的で前向きな経験をすることができます。

6歳以下の子どもに関して、「手に何かを与える前に、頭に与えてはいけない」という言葉を残しています。最近の脳の研究は、この基本的な原則を裏付けるものとなっています。幼い子どもたちにとって、フォークやナイフの数を実際に数える、ジュースを注ぐ、パズルをするなど、動きを伴った行為の方が、指やマウスを使って二次元の画面を操作するよりも、はるかにしっかりした学びの基礎を築きます。

## バランスの取れた対処方法

あなたが、デジタルメディアやアプリ、テレビ番組が子どもにとって価値があると考えているのであれば、子どもが画面の前にいる時間を最小限にして、その時間を子どもと触れ合う機会にしましょう。寄り添って電子書籍を読んだり、子ども向けの番組を一緒に見たりするのも良いでしょう。

しかし子どもを落ち着かせて静かにさせるため、あるいは大人が忙しい時に子どもを退屈させないために、デジタル機器に頼りすぎてはいけません。これでは、子どもたちが心の拠り所が必要な時に、人ではなく、テクノロジーに依存するようになってしまう可能性があります。

またスクリーンタイムは、子どもの集中力に長期的な影響を及ぼす可能性があることを認識しておきましょう。研究によると、1〜3歳までの

## お勧めのスクリーンタイムの過ごし方

幼い子どものスクリーンタイムを制限する際に、以下のガイドラインを参考にしてください。

- 0〜2歳までは、スクリーンタイムは最小限に抑えましょう。可能であれば、スクリーンタイムは全くないのが一番です。3〜6歳までは、スクリーンタイムは1日1〜2時間に留めましょう。幼い子どもは絶え間なく刺激にさらされているので、身近にあるほかのデジタル機器もスクリーンタイムとして数えてください。
- 子どもの生活にテクノロジーを取り入れる前に、十分注意して内容を選びます。大人が番組やゲームを確かめて、子どもに適切かどうか判断してください。
- 子どもとスクリーンなしの時間を過ごしてください。
- 特に子どもが6歳以下の時は、テクノロジーをおもちゃではなく、道具として扱います。
- 子どもの身近にいる人たちと話し合い、子どものそばで、あるいは子どもと一緒にテクノロジーを使う時のルールを決めてください。

間に、日常的にデジタル機器やテレビに触れている子どもたちは、学校に行っても集中できない傾向にあることが分かっています。大人も子どもも過剰なスクリーンタイムによる中毒症状に見舞われる恐れがあるほか、スクリーンタイムやデジタル機器が睡眠の妨げになることもあります。幸せで健全な人間関係、学び、ポジティブな行動を支えるためには、デジタル機器を利用する際の節度とバランスが鍵になってきます。

# スクリーンタイムの管理
# 〜小学生以上

　小学生から思春期にいたるまで、テクノロジーとデジタル機器は子どもが何かを調べる時に役立つだけでなく、ゲームや動画は大切な娯楽となります。しかし、中身の質に注意を払わないで制限なく画面にアクセスさせると、問題が生じる可能性があります。

## 健全なバランス

　年齢が上がるにつれて、子どもが勉強をする時にコンピューターやタブレットが必要になることもあるでしょう。しかし、子どもたちが自由にスクリーンを使用しても良い時間については、親子間で同意しておくことをお勧めします。家族会議を利用して、座りっぱなしの活動と、体を動かしたり対話をしたりする活動のバランスについて話し合ってください。家庭内のルールを決めておくと良いでしょう（96頁参照）。

## スクリーンタイムの悪影響

　画面を見ていると、誰もが時間や現実の感覚を失いがちになります。労力を必要としないコンテンツを受動的に利用するほか、ソーシャルメディアやゲームに夢中になり、中毒になることがあるからです。大人が子どもの行動のお手本になっていると自覚し、家族で一緒の時にデジタル機器に没頭しないように注意しましょう。
　またゲーム内の殺人事件から喧嘩、衝突、爆

発にいたるまで、子どもがどの程度暴力にさらされているかをよく考え、つねに家で許容できる範囲を考える必要もあります。子ども向けのメディアに登場する価値観や問題解決方法は、モンテッソーリ教育を意識する家庭のやり方と大きくずれていることが多いのが現状です。

## 質の高いスクリーンタイム

　以下の基本的なガイドラインを参考にして、子どもの世界に対する理解を深め、気づき、好奇心、想像力を刺激し、家庭のポジティブな価値観を高められるものを選びましょう。

- **ドキュメンタリー番組**。自然、科学、歴史、宇宙、テクノロジーなどについてのドキュメンタリー番組は、勉強になり、情報量も豊富です。時には年齢に応じたものもあり、お勧めです。子ども向けの「教育番組」とうたっているものでも、概念や考え方に対する理解を深めるのではなく、暗記による学習を促すような番組は避けましょう。

- **映画やテレビ番組の選択**。フィクション、伝記、歴史上の時代や出来事を描いたものなど、説得力のあるストーリーの作品や、魅力的な登場人物が出てくる映画やテレビ番組を選ぶようにします。中にはポジティブで面白いものもありますが、モンテッソーリ教育では、非現実的で空想的な物語をできるだけ子ど

もたちに触れさせないようにします。尊敬と優しさを表現し、ポジティブで現実的なメッセージを持つ物語に子どもを触れさせましょう。

- **避けるべきコンテンツ**。誤解を生みやすい内容、皮肉や嘲笑たっぷりな内容、登場人物が辱められたり傷つけられたりすることを笑いにする内容のものは避けてください。また、正義、優しさ、思いやり、平和な問題解決を大事にする子どもに育ってほしいと願う家族の価値観を損なう内容のものも避けましょう。
- **コンテンツに注意を払う**。家族向けの信頼できるオンラインガイドを使って、ゲーム、映画、番組を調べ、年齢に相応しいかを確認してください。読み物を探す時も同じで、良質なコンテンツを探すことが大切です。楽しく、分かりやすくて、正確な情報を伝え、残虐性や暴力を肯定していない動画を選びます。また、親も子も気まずくなるような性的な場面が含まれていないものを選ぶのが良いでしょう。
- **家族会議の利用**。デジタルコンテンツに関する家族の価値観が、友人の家族の価値観と違う可能性があることについて、家族会議で子どもの理解を得るようにします。

**家族の価値観に沿った番組に触れさせると、子どもにとって前向きなメッセージを伝えることができます。**

# スクリーンタイムの家でのルール

年齢ごとに、デジタル機器やメディアの使用について、家族内でできるだけ早く大筋の合意を得ることを優先させてください。デジタル媒体の使用と自分たちの価値観に合った家族の生活を楽しむことの間で、バランスを取ることが大切です。

### 家でのルールの役割

デジタル機器とメディアに関して、安心して子どもに使わせられるように家族のルールを決めることが大切です。子どもが小さいうちは、簡単にルールを作ることができます。しかし、子ども

が大きくなると、なぜルールが必要なのかという疑問や議論が出てくるので、お互いにとって納得がいき、守っていける家庭のルールを決めることが鍵です。年齢が上がるにつれて、ルールを変更する必要がある一方、ルールは家族の価値観に沿い、公平で、一貫して守られるものでなければなりません。子どもたちがスクリーンに触れる時間は前向きな経験になるものの、家族の絆ややるべきことの邪魔になってはならないことを認識する必要があります。子どもと一緒に時間を過ごす祖父母や友達、ベビーシッターなどにも、このルールを知らせておきましょう。

**デジタル機器を持ち込まない家族の時間**は、子どもたちに活動のバランスを取る方法を教えます。

あなた自身が良きお手本となって、デジタル機器やメディアに関する家族のルールを守りましょう。そのためにも以下のことを考慮してください。

- **子どもの送り迎えの時は携帯電話をしまい**、移動中は不要な電話はしないようにします。

- **子どもの身に危険が及ぶようなあらゆる状況**と同様に、インターネットの安全性に関するルールについて話し合うことで、子どもが自分自身の安全を守れるように備えてください。

- **子ども部屋に、スクリーンを置いたままにしない**ようにします。睡眠を妨げ、望ましくないコンテンツに子どもが触れる可能性があり、人との交流から遠のいてしまう恐れもあります。

- **フィルタリング機能**（未成年のインターネット使用の管理機能）を使い、スクリーンタイムと閲覧可能なコンテンツに制限をかけます。

- **メディアを使わない家族の時間を設けて**、読書、ゲーム、あるいは食事や就寝、お出かけの時間などの実体験に集中します。

- **子どもたちが、1日のうちにスクリーンを見る**より多くの時間を、読書や運動、遊びに費やすようにしましょう。

- **ルールが破られた時はどうするべきかを**、合理性、尊敬、責任感、関連性を考慮して話し合ってください。

- **子どもが見たり聞いたりしているもの**を把握し、それについて子どもと一緒に話します。

## ソーシャルメディアを安全に使う

　家族の価値観に沿って、ソーシャルメディアを安全かつ慎重に利用するよう子どもと話しましょう。また、親自身がどのように使うかについても考えてみてください。

- ネット上に写真や動画を投稿する前に、慎重になる必要があることを話し合ってください。いつか恥ずかしい思いをしたり、家族のプライバシーが侵害されたりする可能性はないのか？　同じ原則を自分にも当てはめ、子どもの写真を投稿する前に親も気をつけましょう。

- メールを送る時には、細心の注意を払います。メールは相手の顔が見えない上、相手の声のトーンも分からず、コミュニケーションの大事な2つの要素が欠落しています。このため、感情を正確に読み取ることが難しく、誤解を生む可能性があります。子どもには、メッセージを送る時には情報共有だけにとどめ、感情を伴うようなものは直接会って話すように教えます。

- ソーシャルメディアの中毒性や、ネットでのいじめにつながるような悪意のあるコメントの送受信、実際よりも刺激的な生活の様子を見せること、知らない人とネット上でつながりトラブルに巻き込まれることなど、危険をもたらす可能性があることを話し合いましょう。

- 過保護になることは、できるだけ避けなければなりません。テクノロジーは便利ですが、親が必要以上に子どもとコミュニケーションをとったり、過剰に監視したりする可能性があります。こうすると、子どもが問題解決や記憶といった生活に必要なスキルを練習する機会が奪われてしまいます。本来はこういったスキルを身につければ、親から離れていても自分のことは自分でできるという自信がつき、自律性を育むことができます。

# 就寝時間
# 〜乳幼児

　赤ちゃんや幼児の寝かしつけについては、家族の信念や文化、価値観に影響され、よく議論されます。モンテッソーリ教育を意識している家庭では、寝る時も含めて、子どもが自立できるように努力します。厳密なルールはありませんが、狙いは子どもが自分で落ち着いて、1人で寝られるようになることです。6歳頃までには、寝る前のルーティンが確立されているでしょう。

## 自立した睡眠

　睡眠環境を整えることで、子どもが自分で寝る方法を学ぶことができます。

- ベビーベッドから出ようとしたら、側面を下げて安全に出入りできるようにします。子どもの準備ができたら、子ども用のベッドやシングルベッドに移動させます。
- 1歳半〜3歳までは、ドアにベビーゲートを設置すると、夜に自分の部屋で過ごせます。万が一起きて1人になっても大丈夫なように、部屋の安全を確保しましょう。この安全な環境が、自立を促します。
- 幼児の場合は、自立して眠れるように小道具がほしいかもしれません。薄暗い光やぬいぐるみは、安心感と安らぎを与えるのに役立ちます。
- ほとんどの子どもは、寝る前のルーティンに沿いながら、静かで整理整頓された子ども部屋（56〜57頁参照）にいる方が落ち着きやすいです。

## 寝る前にリラックス

　子どもにとって、体をたくさん動かす遊びをやめ、静かで落ち着いた状態に切り替えて、眠りにつく準備をすることは難しいことです。

　乳幼児は、周りの動きが活発で、スクリーンのそばにいる時間が長かったり、寝る時に大きな音がしたりすると、刺激を受けやすくなります。

　夕食が終わったら、落ち着けるような活動を選びましょう。お風呂に入り、絵本を読み、座り心地のいいイスに座るだけでも、子どもが眠りにつく準備ができます。ただし、乳幼児を落ち着かせる時に使う道具や行動には注意してください。例えば、電動ゆりかごを使ったり、子どもが寝るまで腕の中で抱っこして揺らしたりする手法は、確かに子どもを落ち着かせる効果はありますが、子どもが眠りにつく前にベッドに寝かせ、1人で寝ることに慣れさせてください。

　3歳くらいになると、子どもは自分の寝る前のルーティンにもっと積極的に関われるようになります。遊ぶ時間から寝る時間への移行を助けるためには、子どもが早めに寝る準備をする習慣がつくようにサポートしましょう。寝る前の時間を、一緒にあるいは子ども1人で本を眺めたり、お気に入りのぬいぐるみを抱きしめたりするなど静かな活動をすると、楽しみな時間にできます。5〜6歳の子どもであれば、電気をつけて自分で静かに本を読めるようになるでしょう。

**"  "**

寝る前の時間は、幼い子ども
にとっては移行の時間です。
気分転換することで、子ども
が落ち着けるように助けまし
ょう。

寝る前に静かに本を読むなどの
**習慣**を身につけることで、子ども
たちが落ち着いて眠りにつける
ようになります。

## 寝かしつけについて

　子どもが落ち着いて、1人で眠れるようになるには、おやすみの言い方や夜に目覚めた時の対応が重要になってきます。

- **おやすみを言いながらふとんをかけて**、落ち着くまでささやき声を繰り返し、消灯します。こういったルーティンは、子どもにとって安心感につながります。愛のメッセージをささやくことで、特別な絆を生み出し、大切にされていることを感じながら眠りにつくことができます。
- **1歳半～2歳までの間は**、子どもが夜中に目を覚ましたら、静かに子ども部屋に行きましょう。この時に、子どもをすぐ抱き上げたり、あなたの寝室に移動させたりしないでください。1～2分待って、落ち着くかどうかを確認します。もし助けが必要だと感じたら、「まだ夜だから寝る時間だよ」と数分かけて優しい口調で話しかけましょう。3歳くらいからは、子どもが悪夢で目覚めたら、子どもの怖かった気持ちを落ち着いて受け止めた上で、あなたがそばにいるし、部屋は安全だということ伝え、安心させてあげてください。

# 就寝時間
# ～小学生以上

小学生と中学生では、寝る前の習慣も変化していきます。子どもたちが自分の部屋を、リラックスして眠れる場所だと感じられるようにしましょう。部屋の環境が、良い習慣を促します。理想的にはスクリーンタイムが、子どもの睡眠、健康、成長の妨げにならないようにします。

### 就寝時間の調整

小学校の間は、子どもたちが寝る時間を遅くするように頼んでくることがあります。思春期になると、こちらの希望に反して、夜更かしをすることが多くなります。研究によると、10代の子ど

もたちが夜更かしをする傾向には、神経学的な根拠があると言われています。また10代の子どもたちが夜更かしを楽しんでいるのは、小さい時に遅くまで起きていることを許されていなかった反動かもしれません。

親の目標は、小学生から思春期にかけて、子どもたちが十分な休息を取り続けるようにすることです。子どもが適切な時間に寝る準備ができるように、寝る前のルーティンを話し合いましょう。年齢に応じて、寝る前のルーティンを調整する必要があります。特に思春期の子どもたちは、オンラインでの活動や友達とのソーシャルメディアでのおしゃべりを楽しみたいと思っています。次の日も友達とソーシャルメディアで話ができることを説明し、夜に友達と一緒にチャットを終了する方法を見つけられるように話してみましょう。子どもたちが何かを手放し、良い選択をできるように手助けするのは大切なことです。

### 寝る前の健全なルーティン

子どもたちは、寝る前に規則正しいルーティンを身につけることが大切です。寝る前の時間には、デジタル機器を子ども部屋に持ち込まないという方針を徹底することをお勧めします。子どもが小さいうちから、子ども部屋にデジタル機器を置いたままにしないというルールを決めておくのが良いでしょう。いったんデジタル機器

### テクノロジーが睡眠に与える影響

テクノロジーが子どもの睡眠に与える影響を考える時に、次のことを考慮しましょう。

- 眠るまでの間、点滅する光や音が脳に与える影響を考えてみましょう。デジタル機器の明るい映像を見ながら、あるいはテレビの音を聞きながら眠りにつくと、体力を回復するための深い眠りにつけなくなります。
- ソーシャルメディアやオンラインゲームは中毒性が強く、映画を見たりネットサーフィンをしたりすると夜更かしをしがちになります。
- ゲーム機器を使って、違う地域にいるプレーヤーと一緒にゲームで遊ぶことができますが、見ず知らずの他人であることに気をつける必要があります。

を置くと、寝る時間になったら子ども部屋は寝たり着替えたりする場所だという意識が定着しにくくなります。また、部屋の扉が閉まっている状態では、子どもたちがオンラインで何を見たりしたりしているかを把握するのも困難です。デジタル機器は、刺激が非常に強く脳を活発にするため、寝つきが悪くなります。

このルールを徹底するのが難しい場合は、少なくとも消灯時間を明確に決めて、子どもの様子を確認するようにしてください。一定の時間になったら、デジタル機器はすべて電源をオフにして、子ども部屋以外の場所に置いておくようにします。子どもの年齢に応じて、この時間は調整してください。

専門家による快眠のためのアドバイスを参考に、睡眠の準備をしてみてはいかがでしょうか。

- **子ども部屋の電気を暗くします。**
- **子どもには、ベッドを使うのは**、心を落ち着かせて眠りにつく時のみにするように伝えます。
- **中高生には**、寝る前に音楽を消したり、ボリュームを下げたりするように伝えましょう。
- **中高生がカフェインを摂取する場合**、午後2時以降は控えるように促しましょう。
- **思春期の子どもが夜中に起きた時は**、ほかの人を起こさずにベッドから出て、静かにリラックスできることをするようにアドバイスします。

> **" "**
>
> 寝る前のルーティンは、子どもが成長するにつれて変化しますが、良質な快眠を取るために工夫することが大切です。

**家族のルールとして、**寝る時には子ども部屋ではない所定の位置に携帯電話を置いておくようにしましょう。

# 家の手伝い

　家庭生活は、子どもたちがほかの人と一緒に生活し、家庭環境を大切にするという基本的なスキルを学ぶ場所です。こういった習慣やスキルは、子どもたちのその後の人生の土台になります。

　モンテッソーリ教育では、子どもたちは生活する中で、つまり日々の経験から学ぶと考えています。家族の生活に関わる日々の仕事は、子どもたちが家族を理解し、感謝し、協力する方法を学ぶのに役立ちます。そして、家族というコミュニティの一員として活躍することにつながります。人にはそれぞれ個性があり、日々の暮らしの営み方も異なります。協力する方法を見つけることで、子どもはチームの一員であることを学びます。これは、勉強や仕事、そして将来自分の家族ができた時にも役立つ一生もののスキルです。

**❝ ❞**

家庭環境を大切にすることは、家族のコミュニティの一員として不可欠なことで、家族の一人ひとりが責任を持って仕事をすることを意味します。

# 生活に役立つスキル

　親は、子どものことを愛している一方で、家の手伝いをすることを期待していることも理解してほしいと思っています。これは、社会の仕組み、責任の分担、互いに助け合う方法、チームワークの大切さ、そして仕事をうまくこなす重要性を教えるのに大切です。

## 協動する

　小さい子どもにとっての「仕事をする」という概念は、必ずしも親の基準と一致するとは限りません。最初は、段階的にどうやってやるのかを子どもに教えていきます。決して子どもを辱めたり、責めたりせずに、優しい励ましの言葉をかけながら、練習を繰り返しましょう。成長に合わせて、以下の点を考慮してください。

- **子どもの時間感覚**は、大人とは違います。6歳以下の子は、気が散りやすくなりますが、これは「今」を生きようとする幼い子どもの自然な傾向です。

- **小さな子どもは、仕事をやり遂げることよりも**、その過程を楽しんでいます。手伝ってくれたことや、作業が進んでいることを認めて、生涯にわたる習慣を身につけるためには、時間がかかることを理解しましょう。

- **子どもは自立し、自分が大切にされていること**を実感する必要があり、大きなやる気になります。家事を面倒な作業と考えず、子どもが有意義に貢献できる機会だと捉えましょう。

あなたの助けと導きがあれば、幼い子どもたちは、あなたの近くで家の手伝いをしたいと思っています。

- **特に小さな子どもは、親と一緒にいる**ことを楽しんでいます。家事を手伝うのは、親に喜んでもらうためだけではなく、親の側にいるためでもあるのです。この気持ちを大切にして、日常的な作業を習慣化するように導き、協力し合いながら技術を教えていきます。

- **子どもが大きくなるにつれて**、学校での勉強や習い事が増えます。そうは言っても、引き続き家事をスケジュールに組み込んで手伝いをしてもらうのは当然のことです。

# 料理をする

食事の楽しみの大部分は、調理に関わることが占めています。モンテッソーリ教育では、子どもたちができるだけ早く、家庭生活の中で意義のある役割を果たすことの大切さを強調しています。

## 調理の足場作り

辛抱強い大人に導かれ、適切な道具を与えられれば、幼い子どもでも食事の準備を手伝うことができます。例えば、幼児であればみかんの皮をむいたり、バターナイフを使ってバナナを切ったり、ピーナッツバターを塗ったりすることができます。子どもが手や指をどんどん器用に使えるようになると、より高度な調理技術を身につけ、技術を組み合わせて使うこともできるようになります。例えば、5歳児であれば、新しく身につけた読解力を使って、簡単なレシピを読むことができます。子どもが大きくなるにつれて、理解力が高まり、複数の手順を踏んだり、材料を2倍、3倍にしたり、台所で1人でできることが増えます。

**お互いに協力しながら**、必要に応じて指導することで、子どもは自分のスキルや能力に自信を持つことができます。

❝ ❞
子どもと一緒に料理をすると、散らかりがちです。ゆっくり進めて、こぼしてもそれも過程の一部だと考え、モップをかけたり、拭き取ったり、掃いたりすることを教えます。

## 前もって準備する

　子どもと一緒に料理をする時には、材料がなかったり、途中で道具を探したりしてイライラするのではなく、協力しながら楽しく作業に集中できるように、準備と配慮が必要になってきます。子どもは、手を洗い、エプロンをつけ、髪の毛を隠したり結んだりするなど、調理前の身支度を学ぶこともできます。

- **適切な道具を用意しましょう。** 切れない包丁は、よく切れる包丁よりも余計に危険です。道具を使って、安全に切ったり、おろしたり、皮をむいたりする方法を子どもに紹介します。
- **オーブンやコンロを使う時は**、必ず親の許可や監督が必要だと子どもに伝えてください。
- **材料を準備しましょう。** 特にお菓子作りの時は、レシピに従い、きちんと計量する大切さを子どもに伝えていきます。ただし、フルーツサラダを作る時など、創造性を発揮する機会も逃さないようにしてください。

## 片付けも作業の一環

　モンテッソーリ教育では、作業には始まり、途中、終わりがあることを教えます。このため、片付けも料理の重要な一部です。料理を進めながら一緒に片付けることで、子どもは計画的にきれいにする方法を覚えていきます。料理と片付けを同時進行することで、無理なくスキルを身につけたり、子どもが毎回自主的に片付けたりできるようになります。

バターナイフを使うことで、子どもは小さいうちから安全に切ることを身につけられます。

## 年代と段階

### 1歳半〜6歳

　手は最初の道具です。みかんの皮をむくなど、手で調理できる食べ物から始めましょう。大きくなるにつれて、バターナイフを使ってバナナ、きゅうりなどの柔らかい食材を切ったり、バターやジャムを塗ったりできるようになります。早ければ3歳頃から、ピーラーを使って皮をむいたり、りんごカッターで切ったりできるようになり、よく切れる包丁へと進みます。フルーツサラダや簡単なレシピに従ってクッキーや酵母なしのパン、マフィンを作れるようになり、酵母を使ったパン作りへレベルアップします。

### 6歳〜12歳

　かなりのスキルを持っていて、創造性にも富んでいます。フードプロセッサーや電動ミキサー、大人の助けを借りればオーブンなど、複雑な道具を使って色々な料理を作ることができます。また、複数の手順があるレシピを読んでそれに従うほか、算数のスキルを使ってレシピを2倍、3倍、または半分にできます。

### 12〜18歳

　食事の予算を決めたり、レシピを改良、創作したり、お客さんを招待したりと、子どもがリーダーシップを発揮できる機会を作りましょう。オムレツや魚料理、野菜炒め、スープ、デザートなど、色々な料理を作るように背中を押してあげてください。

# 掃除と
# 家庭内の雑事

　日々のルーティンや家族のきまり事と同じように、子どもたちは親が想像するよりもずっと早い時期から、日常の家事を手伝うことができます。子どもに家事を担ってもらうことは、自立を促します。

### 子どもができるお手伝い

　子どもは、2〜3歳になると、家事を手伝うようになります。作業を正しく見せてあげれば、役に立つスキルを身につけるだけでなく、「家事はみんなで担うもの」ということも理解します。子

どもサイズのほうきやモップは、幼い子どもにとって便利な道具です。しかし、特別な道具がなくても、子どもたちがお手伝いできる方法はたくさんあります。例えば、ベッドメイキング、汚れた洋服を洗濯機に入れる、洗濯物をたたむ、はたきや窓拭き、室内の植物への水やり、料理の手伝いなどができます。大きくなるにつれて、掃除機や台所用のモップなどを使って、家の中を清潔に保つこともできるようになります。

### 子どもを家事に巻き込む

　子どもの性格や能力を考慮して、手伝えそうなことや興味を示すことを考えてみてください。幼い子どもに一方的に「これをやりなさい」と言うのではなく、子どもが安全かつ簡単に作業できるように意図的に家の中を整理しましょう。例えば、子どもが物を出したり戻したりするのが好きなら、洗濯機から洗濯物を取り出して、洗濯

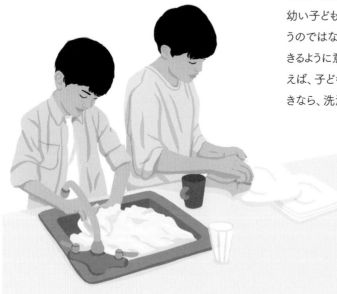

**毎日の家事**、例えば、食器を洗ったり乾かしたりすることは、子どもたちが協力し合い、基本的なスキルを身につけるのに良い機会です。

**自分が家事を担当していると感じら
れることが、子どものモチベーション
を高め、自信にもつながります。**

## 年代と段階

### 1歳半〜6歳

　幼い子どもの多くは、親のやることを真似したい年頃で、大人が雑用だと思うことでも楽しんでやります。テーブルを拭くにしても、子どもたちはテーブルをきれいにすることよりも、ふきんを濡らして、拭いて、ゆすいで、テーブルを乾かすという一連の作業を楽しみます。過程を楽しませてあげましょう。

### 6歳〜12歳

　自主性と自分の家に誇りを持てるように、汚れを落とす、掃除機をかける、鍋を磨く、洗車するといった、より高度なスキルを教えましょう。

### 12〜18歳

　ティーンエイジャーは、友達と一緒にいたり、勉強したり、他の活動に集中することを好むかもしれません。家族会議を利用して、大人になる準備のために、家事を分担する必要があることを意識させましょう。

かごに入れる作業を一緒にします。

　子どもの成長に伴い、自分からやらせてほしいと言ってくるようになります。4〜5歳頃には、簡単な仕事を中心とした習慣を身につけていることに気づくかもしれません。手伝いの時に必要な道具の置き場所がすぐ分かるように、家を整理するだけでなく、家事に貢献してくれることへの感謝の気持ちを伝えましょう。日常的に一緒にする家事や、1人でする家事など、最初にできそうな仕事を前もって決めてください。仕事ができるようになったら、簡単な注意をして思い出させてあげるだけで十分でしょう。例えば、観葉植物に水やりができるようになったら、水をやりすぎると根っこが枯れることを説明し、乾いていないか毎日確認するように促します。

　これを子どもの仕事の1つにすることを提案するのも良いでしょう。家族会議で、一人ひとり

がどの家事を担うのかを決めてください。

　学齢期の子が手伝いたがらない時は、やり方が分からず苦戦し、避けている証拠かもしれません。子どもが作業に主体性を持って取り組めるような工夫をしましょう。例えば、脱いだ服を洗濯機に入れ忘れたとしたら、その子を責任者にして家族みんなが洗濯物を洗濯機に入れるように確認する係にします。こうすることで、リーダーシップと責任感が生まれます。

日々の戦略
# 喧嘩の仲裁

人と意見がぶつかるのは人生の一部であり、衝突に対処することは学びの
機会です。親としての私たちの役割は、子どもたちが兄弟姉妹やいとこ、友達
との間で衝突した時に、平和な解決策にたどり着けるように導くことです。

平和に衝突を解決する力は、生涯を通じて
価値のあるスキルです。このようなスキルを幼い
うちから身につけることで、子どもたちは、意見
の相違を自分たちで解決できるようになります。
また、他の人の欲求に耳を傾けると同時に、自
分の欲求を伝えることも上手になります。親の
役割は、子どもが平和に自分で問題を解決で
きるようにサポートすることで、勝手に裁いて判
決を下すことではありません。時には、面白い
ことや予想外のことをして緊張をほぐす
ことで、争いが大きくなるのを防ぐこと
ができるかもしれません。そもそ

も子どもたちは、親の力なしに問題解決ができ
るかもしれません。割って入りたい衝動を抑え、
少し時間をおいて、喧嘩が収まるのか、激しくな
るのかを見極めましょう。もし状況が悪化する
ようであれば、110〜111頁にある実践方法を
試してください。その場で衝突を解決する方法
のほかに、感情が昂ぶってすぐに解決できない
時には、いったん距離を置き、後からフォローす
ることで衝突を確実に解決する方法を紹介し
ています。

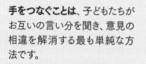

**手をつなぐことは**、子どもたちが
お互いの言い分を聞き、意見の
相違を解消する最も単純な方
法です。

## " " 体験談

### カリーヌ（リリー〈13歳〉とルイ〈9歳〉の母）

子どもたちが6歳と10歳だった時、脳トレパズルを持っていて、2人とも夢中になっていました。すぐにこのパズルは注目の的になり、奪い合いの喧嘩をするようになりました。

このお気に入りのおもちゃをどのように共有するか、公平な解決策を見つける必要がありました。2人とも落ち着いている時を待って一緒に座らせて、どうしたら交代でパズルを使えるのかアイデアを出し合いました。

話し合いの結果、パズルは2人とも遊べるように1階の棚に置いておくことにしました。2人は、自分の順番の間は、好きなだけ遊んでいいということで合意しました。また、遊び終わったら、もう1人が使えるようにもとの場所に戻すことになりました。

娘の1人が紙にこのルールを書いて、2人ともが署名しました。2人は握手で同意し、ルールと署名入りの「契約書」は、おもちゃの横の棚にかけました。私は、娘たちが自ら考えた解決策を、しっかり実践したことに感銘を受けました。

# 喧嘩の仲裁の
## 実践方法

## 1
### 落ち着いて対応する

喧嘩をしている2人の近くに行って、ゆっくりとそして冷静に喧嘩の仲裁を行いましょう。2人の側に行ったら、子どもの目線の高さまでしゃがんでください。2人を穏やかに優しく見つめて、あなたが争いに加担するつもりがないことを、子どもたちに理解してもらいましょう。

## 2
### 優しくかつ毅然とリードする

一人ひとりに優しく手を添えて気持ちを落ち着かせてから、後は言い争いをやめるのをじっと待ちましょう。物を巡って言い合っているのであれば、落ち着き始めた時に手を出して、「ちょうだい」の合図を出します。子どもたちが争いの種になっている物を渡すまでは、話し始めません。

## 3
### 感謝の気持ちを伝える

喧嘩をやめたことに、感謝の気持ちを伝えましょう。子どもたちがあなたに手渡した物やおもちゃを巡って揉めていたなら、それはいったん横に置きます。これは没収していないことを分かってもらうためですが、子どもたちが仲直りしてから、返すようにしてください。

## 4
### 信じていることを示す

どちらの子どもに対しても、これまで揉めていた問題について双方が納得できるような解決策を自分たちで見つけられるとあなたが信じていることを伝えましょう。そのためにも、本人たちがこの問題を解決するのに必要な、十分な時間と場所を与えてあげてください。

**"**

子どもたちが争いを解決するように優しく導くことで、将来自分で揉め事を解決するスキルが備わります。

## 5
### 必要に応じて休憩する

どちらかの子どもの感情が明らかに昂っていてその場で解決できない場合は、2人にいったん休憩を取ってもらい、後になってから解決策を見つけます。心の準備ができたようであれば、お互いに手をつなぐように頼みます。この行為には、全身を落ち着かせる効果があります。

## 6
### 聞くこと、 話すことを助ける

子どもたちが手をつないでいる間、お互いに順番に話を聞いたり、話したりするように導いてください。そして、それぞれの子どもに話す機会があることを伝え、安心させます。あなたが勝手に裁いたり、安易でお仕着せの解決策を提案したりしないように気をつけましょう。

## 7
### 自分の気持ちを言ってもらう

子どもたちが、自分の気持ちや考えを表現することを学べるように、段階的にサポートしていくことが大切です。例えば、一方の子どもに対して「どうして怒っているのか」「どのように感じているのか」を話してもらって、その気持ちをしっかりと受け止めてください。それから、相手の子どもに対しては、「どう感じているのか」「ペンを返してほしい」など何をしてほしいのかを伝えるよう促してください。

## 8
### 解決策を見つけるのを助ける

もう一方の子どもにも、自分の話をしてもらいます。その子はペンが必要で、誰もそれを使っていなかったから使ったのかもしれません。2人にはどうしたら争いを解決できるか考えてもらいます。例えば、「ペンを貸してほしい」と丁寧に聞くことはできるか、試してもらいます。うまくいかない場合は、必要に応じて休憩を取って、後で戻って来るように提案し、引き続き子どもたちを導きます。必ず後で対応するようにしましょう。

# ガーデニング

家庭菜園をしたり、地域でガーデニングを楽しむ機会を作ったりすることは、子どもたちにとってはかけがえのない経験になります。質の良い新鮮な野菜を育てることで、子どもたちにお金を節約する方法を教えられるだけでなく、美しい景色に囲まれながら、季節や生態系、自然についても学ぶことができます。

## 年代 と 段階

### 1歳半〜6歳

この年頃の子どもたちは、経験を通じて基本的な作業を学んでいきます。子どもサイズの道具や手袋があれば、こてを使って地面を掘ったり耕したりできます。ほかにも種を植える、地面をならす、雑草を抜く、熟れた作物を集めるなど、できることがたくさんあります。

### 6歳〜12歳

庭は、自然界の今を知るための生きた実験室です。成長を維持するための水の仕組みや、季節の変化、生物の仕組みやサイクルなど、自然の科学は子どもの心を刺激し、人間が自然に与える影響への意識を高めるのに役立ちます。

### 12〜18歳

思春期の子どもたちも、引き続き庭仕事を手伝ってもらうのが良いでしょう。有機栽培と殺虫剤や肥料を使った栽培の違いなど、色々な種類の庭づくりに興味を持つようになるかもしれません。ガーデニングを通じて、自分の価値観や信念を探ってみるよう促してください。

## スペース作りを工夫する

ガーデニングは、色々な場所で楽しむことができます。庭がある家であれば、子どもが野菜や果物を育てられるように小さな区画を作ってみてください。また、食用や鑑賞用の植物を、屋内でプランターに入れて育てることもできます。バルコニーや窓際、窓にかけるコンテナ、照明の下でも育てることは可能です。コミュニティーガーデン（地域の庭）でスペースを共有する方法を探したり、市民農園に申し込んだりするのも良いでしょう。

## 庭の手入れ

庭は、自然の教室です。どのようなスペースであったとしても庭仕事を手伝うことは、子どもにとって多くの学びの機会を与えてくれます。ガーデニングをすることで、子どもたちは自然と深いつながりを感じ、自然界への感謝の気持ちを育みます。

- **子どもたちは、屋内で種を蒔いて、**その種を屋外に移植して1年のうちの適切な時期に育てる方法など、実用的なスキルを学ぶことができます。

- **庭の手入れや植物を世話する方法を、**子どもに教えましょう。家族会議で、庭にいる生き物の世話全般をどう責任分担するのかを話し合ってください。子どもの年齢に応じて、大人の手を借りて、あるいは自分だけで、水やり、雑草抜き、収穫などの手伝いができ

上の子や親と一緒に
作業をすることで、子
どもたちは植物を育て
る方法や、世話する方
法を学んでいきます。

ます。

- **庭や畑の計画を一緒に立てることで、** 子ども
  が算数スキルや図表表現を学ぶのにも役立
  ちます。子どもと一緒に、植物を育てようとし
  ている場所の大きさを測ってみましょう。見取
  り図を書いて、各植物が育った時に必要なス
  ペースや、そのスペース内に収まる植物の数
  を計算します。

- **子どもは自然を観察しているうちに、** 花や植
  物の部位の名前を覚えて、花、種、野菜、ハ
  ーブ、昆虫などを識別するようになります。こう
  することで、子どもの語彙力が広がり、豊かに
  なります。また、地元の野草や木の名前も教
  えることもできます。

- **子どもに、過程、ライフサイクル、昆虫の世界**
  を探求させてあげましょう。例えば、屋内でも
  屋外でも、生ごみを入れるコンポスト容器を
  用意したり、ミミズやアリの飼育箱を作ること
  ができます。また、小枝に繭やさなぎを見つけ
  たら、子どもが毎日継続してその場で観察し
  たり、室内に持ち込んで適当な容器に移した
  りして、そこから蛾や蝶が出てくるのを待つの
  も勉強になります。

- **庭は科学実験室です。** 子どもは、生命の営
  み、季節、天気、そしてもちろん植物学を目の
  当たりにして感謝するようになります。また、
  人の手で意図的に育てる植物と雑草の違い
  を学ぶこともできます。

# ペット

ペットは、私たちに友情、愛情、忠誠心を与えてくれます。また子どもたちにとっては、生き物の世話をする方法を学ぶ良い機会です。ペットを飼っている、あるいは飼うことを考えている場合、どうやってペットを扱うか、どんな責任が伴うのか、そして病気や死にどう向き合うのかを子どもに示しながら、お世話のお手本を見せる必要があります。

## ペットの選び方

家族の一員のペットを迎えることを検討する際には、よく考える必要があります。まず、子どもの年齢を考えてみてください。子どもが生まれた時にペットを飼っていたら、子どもはペットの扱い方や世話の仕方を学びながら育ちます。もしまだペットを飼っていなかったら、子どもが4歳くらいになるまで待ったほうが良いでしょう。この歳になれば、ほとんどの子どもがある程度の分別や自制心を備えているので、新しい動物を安心して迎え入れられます。家族会議でペット選びについて一度、あるいは何度か話し合ってく

> " "
>
> ペットを選ぶ際には、家族全員で話し合い、みんなが納得した上で慎重に決める必要があります。

**家族であるペットの扱い方や世話の仕方を学ぶこと**は、子どもに責任感や優しさといった大切なことを教えてくれます。

ださい。ペットに与えられるスペース、時間、愛情についても一緒に考え、色々な種類のペットを調べましょう。犬、猫、檻で飼える小型ペットなどの性格やお世話を、子どもが学べるようにサポートしてあげてください。ペットが求めることや、家にペット用のスペースが現実的に用意できるのか子どもたちと話しましょう。こうすることで、どんなお世話がいるのか、自分たちの役割は何かを子どもたちに理解してもらえます。また、ペットのことを最優先させ、欲求に応えられるかを考えることがなぜ大事なのか、子どもが理解できるようにもなります。子どもと相性が良い動物とそうでない動物がいるので、決断する前に、子どもの気質や性格を考慮しましょう。

## ペットの世話

子どもは、親がペットの世話をするのを見て、自然と世話の方法を身につけていきます。水や餌やり、檻の掃除、ブラッシングなどをさせて、ペットの世話に子どもを巻き込みましょう。

ペットと遊ぶ、散歩する、芸を教える、世話をする、あるいはペットを家に迎えて社会化させることは、子どもにとって非常に貴重な経験となります。動物のお世話を通じて、優しさと共感、そしてペットを傷つけたり、落としたり、乱暴に遊んだりしないように慎重に行動することを学びます。また、人に依存している生き物を世話することの思いやりと責任のほかに、すべての生き物に対する敬意についても学びます。

### 年代と段階

**1歳半〜6歳**

幼い子どもたちは、親や上の子がペットの世話をする手伝いができるようになります。例えば、水の入ったボウルを用意したり、ほかの家族が犬を散歩に連れて行く時に一緒について行ったりという具合です。子どもたちは、思いやりを持って、ペットと遊ぶ方法を学んでいきます。

**6歳〜12歳**

成長するにつれ、ペットの世話をする責任について徐々に学んでいきます。毛並みを整えたり、トレーニングの手伝いをしたりすることもできます。親として、ペットの生態や世話に対する子どもの興味を引き出していきましょう。

**12〜18歳**

ティーンエイジャーになっても、引き続きペットの世話を手伝ってほしいことを明確に伝えましょう。中には、動物やその世話の仕方についてもっと知りたい子もいるでしょう。例えば、動物保護施設でボランティアをしたり、トレーニングや競技会に参加したりすることに興味を示すかもしれません。子どもたちの興味を引き続き応援してあげてください。

## ペットの死

ペットが死んでしまったら、家族みんなが深い悲しみにくれます。子どもにとっては、人生で初めて経験する辛い状況かもしれません。子どもたちがどう感じているかを話すことが大切です。死んでしまったペットのことを思い出し、敬意を払いながら、家族の信念を話し合い、前に進むために子どもを導いてあげてください。

# 家庭での学び

　子どもたちは、生まれた時からあるいはそれ以前から学んでいて、一生かけて学びは続きます。人は、経験を通じて学ぶものです。つまり、子どもが日々出合うことが、子どもの学びを形作っていくのです。

　子どもにとって親は、今もこれからも一番大切な先生です。子どもの教育にホームスクール*を選ぶ家庭もあるでしょう。ホームスクールをするかどうかに関わらず、一緒に過ごす時間の中で、子どもは親から知らないうちに学んでいきます。意識的にしても無意識にしても、親の行動や話し方は、否応にも子どもに影響を与えることになります。子どもたちは、親の話を聞き、行動を観察します。また、予定されたものであれ偶然のものであれ、世界がどのように動いているのか、自分で何かをするにはどうしたらいいのかを教えてくれる可能性を秘めた経験をしていきます。

**❝❞**

子どもは、親やほかの人を見たり、家事を手伝ったり、アイデアを探求したり、新しいことを発見したりすることで、実体験を通じて毎日学んでいます。

＊[訳注]学校に通学する代わりに、家庭で学習を行うこと。

# 教室以外の場所での学び

親として、学びは教室の中だけで起こるものではなく、人生の重要な教訓の多くは教科書とは無関係であることを、認識することが大切です。

子どもは、アイデアを探求したり、自分で新しい発見をしたり、誰かと一緒に作業をしたり、ほかの人を観察したりすることで、日々の生活の中で試行錯誤しながら経験を積んでいきます。親は、子どもが概念やスキルを学ぶことだけに留まらず、生涯にわたり学ぶことが好きになるように、常にサポートをします。正解を暗記すればテストは突破できるかもしれませんが、「学ぶことを学ぶ」ことによって自分で人生を切り開くことができるのです。

## 好奇心が学びの原動力

モンテッソーリ教育を意識する家庭では、学ぶことは負担や競争ではなく、「旅」のようなものだと考えられています。競争を伴う学習が好きな子もいますが、成績を競い合うための形式的な学習は必要ありません。子どもが学ぶのは、外的な動機付け*や、自分ができることを証明するためではなく、興味があるから学ぶのが理想的です。親としての目標は、子どもが学校で習うような基本的なスキルを身につけるだけでなく、学ぶことが好きになり、学校では教えてくれない実践的な日常生活のスキルを身につけられるようにすることです。また、科学・技術・発明・医学、芸術・文学、身体と心の健康、時事問題など、普遍的なテーマに関する子どもの文化的な理解を高めることも親が手助けできることです。

家庭での教えは、食事の団欒や家族会議、会話や読書、ゲームなどで自然に行われます。子どもの学びを助ける一番良い方法は、答えを与えるのではなく、質問をして子どもの考えを聞くことです。学びは、家族みんなにとって生活の根本であるべきです。

**一緒に何かを計画して始めることは、**子どもにとっては体験型学習の良い機会になります。

* [訳注] 例：褒美を得るため。　　117

# 楽しく学ぶために

「学ぶことは楽しい」という考えに馴染みがない人が多く、学校での勉強が辛かった記憶のある人もいるでしょう。しかし私たちは、楽しんでいる時に、最もよく学ぶのです。子どもたちは、夢中になっている時に、学ぶことが楽しいと感じます。あなた自身の子ども時代の楽しかった学習体験を思い出すことで、自分の子どもにとって学習が難しいものではなく、楽しくなる方法を見つけることができるでしょう。

## 年代と段階

### 1歳半〜6歳

子どもは親と一緒に何かをするのが大好きです。掃き掃除、洗い物、食事の下ごしらえなどのお手伝いは、子どもにとって楽しいことです。暗記カード、オンライン学習や教科書は避け、体験学習を取り入れましょう。

### 6歳〜12歳

好奇心とワクワクする気持ちを持ち続けられるようにサポートしましょう。子どもの興味を大切にして、学校のテーマに沿った本を置きます。短めの教育番組を一緒に見たり、博物館を訪ねたり、ライブパフォーマンスに行くのも良いでしょう。体験型の学習を続けてください。

### 12〜18歳

学ぶことには意味があり、刺激的で満足感があり、興味や情熱を引き出してくれるものだと感じられるようにサポートしましょう。穏やかな監督の下、友達と一緒に勉強することは、すべきことをしながら社会とのつながりを求める子どもの気持ちを満たせます。

## 学びの個人差

恥ずかしさや脅迫感がない時、学ぶことが当たり前で楽しいものになります。子どもたちは、親戚や兄弟姉妹、親との間でも、競争に勝てないと感じることがあります。大切なのは、誰もがそれぞれのやり方や速さで学んでいることを覚えておくことです。ピアノの練習にしてもケーキ作りにしても、学び始めからマスターするまでの道のりでは、失敗はつきものだと心に留めておくことも大切です。子どもたちは、うまくいったことだけでなく、安心した状況で失敗したことからも学んでいくのです。みんなが安全であることを前提に、当然の結果（82〜85頁参照）を使うことで、子どもたちは自分の経験を通じて発見することができます。

## 体験型学習

学習を強化するために、家でさらに復習を強いるのは逆効果になりかねません。家で子どもが1人で、あるいは親と一緒に追加のドリルに取り組んで過ごすことで、安心する親もいるかもしれません。これが楽しいと感じる子もいるかもしれませんが、稀でしょう。子どもたちは楽しむのではなく、勉強が増えても仕方がないと我慢するか、集中力がなくなり抵抗するかのどちらかになり、親は子どもたちを追い込むようになります。モンテッソーリ教育では、本人がどうしてもやりたいと言えば別ですが、家でのドリルやテスト用紙の使用は一切推奨していません。特に

> " "
> 家は、子どもがリラックスした環境の中で、色々なことを探求し、発見できる場所です。

**好きなケーキを作るなどの活動**をすると、子どもは進んで楽しい学習に取り組むことができます。

幼い子どもであれば尚更です。それよりも家は、子どもたちが楽しみながら探求し、学ぶことができる場所だと考えることが大切です。自分で探求して発見するのが好きな子もいれば、どうやるのかを知るために、まずはほかの人がやっているのを観察してから自分で試してみたい子もいます。家庭での学びを楽しくさせる以下のやり方を参考にしてみてください。

- **幼い子どもたちには、学びをゲームにする**と良いでしょう。当てっこゲームである「アイ・スパイ」\*などの遊びは、子どもたちが文字の音や文字自体を考えるのに役立ちます。道路の標識にどのくらい特定の単語を見つけられるかなどの観察ゲームも、単語認識や数えるといった基礎知識を身につけることにつながります。

- **子どもが大きくなるにつれて**、日常的な家事に子どもを自由に参加させましょう。親と一緒に何かをやることで、子どもは学んでいくのです。ケーキ作り、靴下の仕分け、洗車から、鳥の巣箱作り、家具の改造などのもっと大きなプロジェクトにいたるまで、家でもさまざまな活動の中で、学びの機会を見つけることができます。

---

\* [訳注]例：「"さ"から始まる果物なーんだ？」の問いに、「さくらんぼ」と答える。　　119

# 子どもの頭を刺激する
# 〜乳幼児

人の脳は、環境やほかの人との関わりの中で刺激や相互作用に反応し、そこから学習するようにできています。発達中の子どもの頭が適切に動かされると、子どもたちは特定の概念を理解し、スキルを習得するだけでなく、脳内の神経回路も形成され、将来の学びにつながります。

## 学びの理想的な時期：敏感期

幼い子どもたちは、ある種の学びに対して特に敏感に反応する発達段階を経て成長します。例えば、最初の一歩を踏み出し、そこから歩いたり、走ったり、飛んだりできるようになるなど、大人の助けなしに自然に起こる段階もあります。敏感期は、子どもの脳を刺激する絶好の機会です。人生の最初の6年間は、子どもは経験と五感を通じて学んでいきます。例えば、生まれた時から外国語や音楽を子どもに取り入れる

**実際に子どもにダンスなどの体験を**させることで、興味を持ってもらうことができます。

## " " 体験談

**アリシア（チャーリー〈2歳〉の母）**

2歳の息子は、トラックが大好きです。ある日、息子がお気に入りのトラックのおもちゃに茶色のマーカーで落書きをしたんです。私が部屋に入ったのは、ちょうど彼が落書きを終えた時でした。息子はとても満足そうで、立ち上がって「今から片付ける！」と言いました。私はとっさに「これは面倒なことになる」と思ったのですが、深呼吸をして何も言わないことにしました。

息子は、石鹸ポンプを取りに洗面所に走って行きました。彼は手を泡立てて、円を描くようにトラックをこすった後、今度はコップを取りに行きました。私は、絶対に散らかるだろうと思って、トラックを玄関先に移動させることを提案すると、息子が同意してくれました。それから、彼が水をかけて、マーカーの汚れが落ちるのに感動しているのを私はそばで座って見ていました。息子は、家の中にタオルを取りに行って、すべての水滴を拭き取りました。私は、息子が片付けるのに少しだけアドバイスをしただけです。石鹸ポンプとタオルのどちらを先に片付けるかを話し合ったのですが、それを決めるのが自分であるというこの上ない自立した気持ちと、大きな仕事をやり遂げたという満足感を味わったことで、彼はとても誇らしそうでした。

---

には、子どもの前でその言語を話したり、音楽を流したりすると良いでしょう。実体験と子どもの脳の発達が関係していることから、刺激的な活動や体験を意識的に家庭生活に取り入れることが大切です。

- **マリア・モンテッソーリ医師は**、野草の種のように「興味や文化の種を蒔く」という比喩を使いました。どんな学びの種が芽を出して育つのか分かりませんが、子どもは好奇心、創造性、驚きの気持ち、想像力などを育むことができるでしょう。

- **モンテッソーリ教育が大事にしている**もう1つの理念は、「子どもに従う」ということです。子どもたちが何に興味を持っているのか注意深く観察し、その興味を広げる実践的な方法を考えるのが大人の役割です。子どもたちが抵抗感を持つようになるので、本人が楽しくないことを無理やりやらせないように気をつけることも大事です。また、刺激を与えすぎることも避けてください。子どもたちがイライラしたり、気が散ったりした様子であれば、本人にほかの活動を選んでもらいましょう。

# 子どもの頭を刺激する 〜小学生以上

子どもたちは生まれつき好奇心が旺盛で、成長していくにつれて、特に小学生の時期には「何」「どうして」と問い続けます。子どもたちの頭を刺激する基本的な方法は、日頃からお互いに話し合ったり、ゲームをして遊んだり、経験を共有したりしていくことです。

## 答えを見つける

子どもは、大人が自分よりはるかに経験豊富で知識があることを分かっているので、自分の

**祖父母や年配の親戚との会話は**、子どもたちに新しい視点を与えてくれます。

疑問に対する答えを大人に教えてもらおうとするのは自然なことです。子どもたちの心をワクワクさせ探究心を高めるために、あなたが目標とするのは、子どもたちが自分で物事を解決できることと、人は生涯学び続けるものだということを学ぶのを助けていくことです。

- **会話をすることが**、子どもが物事を探求するのにどんなに役立つかを考えてみましょう。例えば、幼い子が「どうして1日の終わりに太陽は大きく見えるんだろう？」と聞いてきたとします。親のあなたが答えを知っているかどうかは別にして、オンラインの検索エンジンで一緒に答えを探したり、大気に関する情報を百科事典で調べたりする方法を子どもに教えてあげることができます。調べていくうちに、大気中で起こっていることを親子で理解できるような動画や記事に行き当たるかもしれません。こうすることが、子どもにとっては、親も学んでいるのを見る良い機会でもあります。

- **共有した経験について話してください。**テレビのドキュメンタリー番組や映画やドラマを見たり、同じ本を読んだり、お出かけを楽しんだりしたことを、子どもと一緒に話してみましょう。例えば、子どもたちが映画や本の中でどこの部分に興味を持ったのか、登場人物をほかの人にどのように説明するのか、もしくは、も

しお出かけをしたのであれば、その旅の中で一番楽しかったこと、一番興味を引かれたことは何だったかなどを話してみます。

- **親や祖父母あるいは目上の親戚と会話をすることは**、子どもたちの頭を刺激する楽しくて面白い方法です。思い出として、会話を録音しておくのも良いかもしれません。子どもたちは、年配の家族の話を聞くのが大好きなのです。子どもたちは、祖父母が育った頃の様子や、どのようにして今の生活を手に入れたのかということに興味津々です。こういった話は、家族の歴史を継承するのはもちろんのことですが、子どもたちの知的好奇心も刺激してくれます。とはいえ、子どもが会話に興味を失ったサインは見逃さないようにしましょう。

- **もし子どもが楽しめるようであれば**、アドリブで物語を作って、語ってもらいましょう。物語を考えたり、短い劇を書いて演じたりすることは、子どもにとって非常に刺激的な体験になります。

- **子どもの人生の中に、「英雄」を取り入れてみましょう**。健在の人でも、過去の人でもかまいませんが、子どもたちが共感できて、心が揺さぶられるような英雄的な人物はいるでしょうか？　特に、地域社会で少数派の民族や宗教的背景を持つ家庭で子どもを育てて

> **" "**
> 子どもたちと一緒に楽しんだ映画や本、外出先で何が一番良かったかなど、共通の体験について話し合ってみましょう。

いる場合には、子どもたちが歴史とのつながりを感じる必要があるので、とても大切なことです。

- **子どもの成長に合わせて**、本人が熱中できるようなゲームや活動を提案し続けていきましょう。その際、年齢に合わせて、ゲームは進化させるようにしてください。積み木やジグソーパズルなど1人で楽しめるものから、みんなで動きながら遊ぶゲーム、さらにはチェスやロールプレイといった高度な戦略ゲームまで、さまざまな種類の活動を考えてみましょう。また、年上の子どもたちは妹や弟にスキルを教えたり、祖父母や両親にも最新のテクノロジーの使い方を教えたりして楽しむことができます。

# 研究することと
# 発見すること

　幼い子どもたちは、詳しい説明を聞きたいというよりも、会話を始めるために質問をしますが、単に色々な考えを探っているだけなのです。大きくなるにつれて、興味のある話題をもっと詳しく、より深く探るようになります。それに伴って、興味の幅もどんどん広がっていくでしょう。

## 子ども探検家

　4〜5歳の子どもたちは、興味を持ったものは何でも試してみながら、五感を使って学びます。モンテッソーリ教育の教室では、特別に作られた教具を使って、子どもたちは読み書き、算数、比較、整理、観察などの基本的なスキルを身につけていきます。自宅にこういった教具がなくても、モンテッソーリの学習方法を子どもが身につけられるように意図的にサポートすることができます。

　例えば、幼い子どもが庭の蝶々に興味を持ったとします。親の助けと指導があれば、図書館や家にある蝶の本を見たり、ネットで検索して名前を調べたりすることができます。興味の度合いにもよりますが、イモムシがどのようにして蝶になるのか、蝶になるのにどれくらいの時間がかかるのか、イモムシは何を食べるのかなどは、子どもにとってはワクワクする情報に

### 年代と段階

**1歳半〜6歳**

　子どもが夢中になって集中している時は、大人の干渉なしに活動できるようにしてあげましょう。子どもをよく観察することが大切です。もし子どもがイライラし出したら、1〜2分待ってみて、自分で何とかできるかどうか見守ってください。こうすることで、忍耐と決断力が養われていきます。困っているようだったら、助けましょう。

**6歳〜12歳**

　何に興味を持ったとしても、そのことについて、子どもが質問をしたり、本を読んだり、学んだりするように促してみましょう。可能であれば、子どもたちが好きな分野において専門的な知識を持っている知人に話を聞いてみることを提案してみてください。

**12〜18歳**

　思春期の子どもたちには、研究、旅行、弁論会や政党の青年団への参加などを通じて、探究し、研究し、答えを見つけられるようにサポートしましょう。

なります。すぐに、子どもの興味が別の話題に移るかもしれません。あるいは、さなぎがどんな姿をしているのかについて興味を持つかもしれません。枝にさなぎがついているのを見つけたら、屋内に持ち込んで、虫かごや適当な容器に入れて、蝶が出てくるのを待つのも良いでしょう。子どもにとっては、忘れられない思い出になります。

## スキルを組み合わせる学習

　小学生の子どもたちは「どうやって」「なぜ」に興味があり、想像力が豊かです。この年頃の子どもたちは、自分が興味を持ったことを調べたいと思っています。質問をして仮説を立て、何らかの実験をして仮説を検証したり、調べて答えを見つけたりしながら、自分で簡単な研究をして情報を得ることができます。

　家で何か質問された時には、親でも子どもでも、調査や発見することを始めてみましょう。子どもが抽象的な考え方をするようになっても、実践的な学習は好きなので、読む、書く、計算するスキルに体験的な学習を組み合わせて発見するのが良いでしょう（年代と段階参照）。

**近くで観察することは**、幼い子どもにとって、夢中になって調べたり学んだりする良い方法です。

味を持つようにもなるでしょう。時には意見が食い違うことがあっても、深い議論を交わすことで、子どもは「今の自分」を発見できるようになります。

## 興味の移り変わり

　思春期の子どもたちは、仲間との関係性や、性自認やセクシャリティ、社会的正義、国際情勢、家族の価値観などをより重要視するようになります。それにより自分がどのように社会に溶け込み、いかに影響を与えられるかに関心を持ち始めます。また、親が支持する政党への疑問をぶつけてきたり、宗教の違いについてより理解を深めたいと思っていたりするかもしれません。加えて、先祖はどこから来たのか、どんな時代を生きてきたのか、当時の世の中が先祖たちにいかなる影響を与えたのかなど、自分のルーツに興

### 体験型学習

　鳥の巣箱作りなどのプロジェクトへの取り組み方を考えることは、小学生の間に子どもの能力を引き出すために、大人がどうサポートすれば良いかを教えてくれます。

　「庭にはどんな種類の鳥がいる？」「どんな鳥を引き寄せたい？」「この種類の鳥はこの地域に住んでいる？」「その鳥はどんな大きさで、天敵はいる？」など、子どもに必要な質問をします。一緒に答えを見つけたら、巣箱のデザインを考えます。木の素材を選び、サイズを決め、切って接着し、出来た巣箱を適切な場所にかけます。子どもは鳥が来るのを待ち、観察記録をつけると良いでしょう。

# 頭を刺激する
# ゲームや活動

子どもの脳は、環境との相互作用により発達します。子どもたちは、見たり、聞いたり、考えたり、実際にやってみたりしながら学ぶのです。親としては、子どもの内なる秩序感、集中力、問題解決能力、言語力、自立心などを育むために、子どもに合わせて活動を調整していきましょう。

### 遊びながら学ぶ

子どもが好きな遊びの多くは、問題解決能力を強化し、記憶力を高め、知識を増やすのにも役立ちます。子どもがどのように遊んでいるかを観察し、何かに集中している時には邪魔をしないようにしましょう。

• **子どもたちは、パターンを作り出すことが**大好きです。積み木や物を、分類したり、並べたり重ねたり、パターンを見つけるなどの活動は、知覚認識や調整能力を高めます。例えば、ビーズ、幾何学的な形のカラー積み木[*1]、モザイク遊び[*2]などを用意して、子どもがパターンを見つけたり、繰り返したり、作り出したりで

きるようにしましょう。また、動きながらパターンを作るのも楽しいのでお勧めです。記憶力やパターン認識力を高め、運動調整能力を養うことができます。特定のパターンやリズムに合わせて、動きやダンスのステップ、手拍子などをやってみて、子どもにその動作を繰り返してもらってみましょう。

• **「ミステリーバッグゲーム（ひみつ袋）」**も、知覚認識の発達に役立ちます。巾着などの小さな袋に日用品[*3]を入れます。子どもに袋の中に手を入れてもらい、中を見ないで触るだけで何かを当ててもらいます。

• **パズル遊びは、**子どもの問題解決能力や算数のスキルのほか、集中力を高めます。摑むための取手がついたピースが少ないジグソーパズルから、年齢が上の子ども

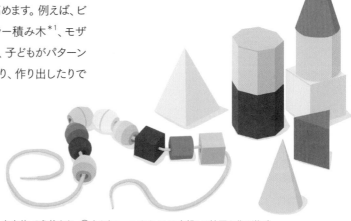

**積み木からビーズ通しま**で、さまざまな年齢の子どもたちが、色と形でパターンを作ることが好きです。

* [訳注]①右イラストのような円錐、立方体、8角柱など。②小さなシールやタイルで点描して絵画を作る遊び。
③例：洗濯バサミ、ボタン、スプーンなど。

たちのための複雑で難しいパズルまで種類は色々あります。点と点をつなぐ簡単なパズル、クロスワードパズル、単語や数字のゲームなど、抽象的なパズルにも挑戦させてあげてください。

- **戦略的なゲームや遊び**、例えば、○×ゲーム（三目並べ）、キューブパズル、ボードゲーム、カードゲームなどは、計画力や論理的思考を刺激し、脳の発達に良い影響があり、子どもにルールを守って遊ぶことを教えてくれます。またサイコロを使ったゲームは、数の認識や簡単な算数に役立ちます。

- **記憶力や観察力を養うような遊び**を取り入れましょう。3歳ぐらいになったら、「何がなくなった？ゲーム」ができます。3〜4個の物を並べ、子どもに目を閉じてもらい、1つだけ物を隠して、何がなくなったか聞いてみます。また子どもが大きくなると、ペアの写真付きカードを使って、記憶力や集中力を試したり、映像を流して、詳細を覚えているか聞いたりしてみることもお勧めです。

- **お話作りゲームは**、言語能力、記憶力、想像力の発達に役立ちます。幼児期には、順番に音や単語、文章を加えて物語を作る口語ゲームを行ってみましょう。前の人が言ったことを覚えていて、それにつけ加えて長くしていくことに挑戦します。成長に伴い、子どもたちの

## 年代と段階

**1歳半〜6歳**

幼児期には、積み木やパズル、お揃いの物を組み合わせる遊びなど、パーツを手で動かせるような活動をすることが、子どもの頭を刺激する重要な鍵となります。「何かを頭に与えるには、まず手に与えなければならない」というのは、マリア・モンテッソーリ医師の有名な言葉です。

**6歳〜12歳**

多くの子どもが、幼少期から引き続き積み木などを使った工作や模型を作ったり、戦略ゲームをしたりすることを楽しみます。

**12〜18歳**

ティーンエイジャーは、友達と一緒にゲームをするのが好きです。友達を家に呼んで家族の活動に参加したいかどうかを確認しましょう。ボードゲームやビデオゲームの対戦を楽しむこともできるでしょう。

多くは豊かな想像力を持ち、物語を作ったり語ったりするのを楽しみます。順番に物語を作って、まるで本当にあったことのように語ってみましょう。こうすることで、物語をただ聞いたり読んだりしているのとは違った方法で脳が刺激されます。子どもが話の道筋、登場人物、経緯、次に何が起こるかをたどることで、記憶力も向上します。物語を作ったり語ったりすると、子どもたちの語彙力や言語力が高まりやすくなります。

# 体を動かす
# ゲームや活動

　家で体を動かすようなゲームや活動をすることは、子どもに必要な運動をさせ、家族の時間を楽しめるだけでなく、心と体の調整能力や強さ、俊敏性を身につけることができます。

- **多くの活動が、子どもの手と目の協応を発達**させます。手と目の協応は、文字を書いたり、絵を描いたりするような日常的な作業やスキルに重要で、スポーツをする時にも役立ちます。幼い子どもなら、数歩後ろからお手玉をかごに入れることから始めてみることがお勧めです。慣れてきたら、次のようなものを作ってみましょう。斜めの板に穴を開けて的にすると、より難易度の高い遊びができるようになります。そのほかにも、ゲートボールなどの的を狙う遊びや、ボールを使った簡単なキャッチボールなども、子どもの手と目の協応を高めてくれます。

- **家での障害物コースは**、子どもの年齢に関わらず人気で、バランス感覚や調整能力、運動能力、視覚能力、問題解決能力の発達に役立ちます。椅子、枕、箱やほかの適当な物を使ってリビングなどの室内に設置するにしても、庭などの屋外に設置するにしても、子どもが登ったり、這ってくぐり抜けたり、ジャンプしたり、飛び跳ねたり、歩いたりするようなコースを作りましょう。

- **宝探しは、子どもたちにとって**とても楽しいもので、リストを読んだり、お宝を探したり、チームで活動したりと積極的に参加することができます。競争ではなく、協力だということがポイントです。家の中にある物を探す、庭や近所の公園にある自然の物を探すなど、さまざまなテーマを決めて、探す物をリストにして書き出しましょう。小さな子どもは兄や姉、親と

---

## 年代と段階

### 1歳半〜6歳
　幼い子どもたちは、動きながら学んでいきます。この発達段階では、運動神経、力強さ、軽快さを身につけていきます。例えば、何か物の下や上を走ったり、ジャンプしたり、飛び跳ねたり、動いたりするような簡単なゲームをすることによって、自信や優雅さが育ちます。

### 6歳〜12歳
　この年頃の子どもたちは、キャッチボールなどの球技や鬼ごっこなど、体を活発に動かす屋外でする遊びが大好きです。一方で、ヨガやダンスなどの比較的穏やかな活動も楽しめます。

### 12〜18歳
　ティーンエイジャーは、どちらかと言えばチームでできるスポーツを楽しむようになります。また、友達と一緒にランニングやサイクリング、パワーウォーキング*などを楽しむ子も多いです。

---

　*[訳注]競歩に似ているウォーキング。

**ハイキングには**、体力が必要なのはもちろんのこと、計画性や道案内などのスキルも必要です。

がら目印となる物へ注意を払ったりする方法を学ぶことができます。学齢期の子どもたちであれば、数時間あるいは1泊2日のハイキングもできるようになります。おやつや水、救急箱、靴下の替え、雨具、コンパスなど、何を持っていくべきかを子どもと一緒に考えることで、ハイキングは特に価値あるものになります。ハイキングに必要な物を集めたり、リュックサックに詰めたりすることを、子どもたちにも手伝ってもらうようにしましょう。

一緒に、学齢期の子どもであれば1人でもチームでも取り組むことができます。子どもやチームに一定の時間を与えて、リストにあるお宝を探してもらいます。宝探しが終わったら、みんなで集まって、見つけた物を見せ合いましょう。

• **ハイキングは、どの年齢の子どもにとっても、**貴重な体験です。子どもたちにとっては屋外で過ごすことが大切で、散歩中の家族の交流には大きなメリットがあります。長時間のハイキングでは、子どもたちは自然を楽しみ、運動できるだけでなく、地図を読んだり、歩きな

• **家族で一緒にヨガを楽しむ**人もいます。インストラクターの指導を受けたり、ビデオを見たり、子どもたちのためにヨガの「ポーズカード」を用意したり、色々な方法があります。ヨガをすることは、バランス感覚、柔軟性、強さ、内面的な落ち着きをもたらすだけでなく、子どもたちの脳の発達、調整能力、そして「ボディーマッピング（周囲の環境との関わりの中で自分の体を正しく認識すること）」を向上させるのにも役立ちます。

• **ダンス対決は、家族みんなで楽しめる遊びです。**ダンスをすることは、子どもの調整能力を育み、動くことが楽しくなります。おうちダンス大会をするのも良いでしょう。エネルギッシュな音楽に合わせて、2人で、あるいは1人ずつ踊って、双方が合意の上で優勝者を決めます。

# 一緒に本を読む

家族で一緒に読書をすることは、家族の頭に刺激を与え、お互いを身近に感じられる最良の方法です。親が読書を楽しみ、家族の生活に取り入れていけば、子どもは一緒に本を読むことの恩恵を享受し、生涯にわたって読書を楽しむでしょう。

### 本を紹介する

親や兄姉に寄り添って絵本を読んでもらうのは、幼い子どもにとって大切な時間です。幼児用の本を選ぶ時には、視覚が発達中であることを考慮して、イラストが大きく、文字が少ないものが良いでしょう。単語を覚えられるように、絵を指差して名前を言い、次にその絵を説明する

単語を指で追いながらもう一度言います。語彙力が増えてきたら、文のある絵本に進みます。

モンテッソーリ教育では、子どもたちにアルファベットの名前を教える前に、音の読み方を教えることで、フォニックス読み（アブクド読み）を学びます。文字を指差している時に、音を言いましょう。例えば、「S」の文字は「エス」ではなく、「ス（sss・サ行の子音を伸ばす）」と伝えます。

## 小さな読者のために

多くの子どもたちは5歳頃になると、自分であるいは助けを借りて本を読み始めます。ワクワクするような単語を使っている本や、内容が面白い本を紹介しましょう。1歳半〜6歳までの子どもには、以下の点に注意して本を選ぶようにしましょう。

- **幼い子どもは、空想と現実の区別がつきにく**いものです。子どもたちは、触ったり、嗅いだり、見たり、聞いたり、味わったりできるものを土台として世界を理解しています。動物が人間のように行動し、洋服を着ているような本ではなく、現実に近いイラストが描かれた本を探してください。そうでないと、子どもたちが本物の動物の生態について誤った印象

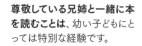

**尊敬している兄姉と一緒に本を読むことは**、幼い子どもにとっては特別な経験です。

を持つ可能性があります。古典的な本にもそのようなものはありますが、基本的には現実的な物語とイラストの本を選びましょう。

- **韻を踏んだ物語は**、子どもたちにとって楽しく、自然なものです。また、韻を踏んで繰り返すことで記憶に残りやすくなります。幼い子どもは、まだ字が読めないうちから、本を見ながら覚えた言葉や文章を繰り返します。
- **子どもが4歳ぐらいになったら**、絵本だけでなく、短いチャプターブック（章立ての本）を1章ずつ読んであげます。登場人物、物語、各章についてどう思ったのかを一緒に話しましょう。

## 世界観を広げる

小学生になると、子どもたちは自分で物語を作るなど、想像力や創造力を発揮する時期に入ります。本人よりも数段上のレベルの本を読むようにしましょう。また、「どうやって」「なぜ」ということも知りたがる時期です。自宅の本棚、学校や公共の図書館、インターネットを利用するように促し、百科事典や辞書、そのほかのノンフィクション資料から情報を得られるようにしましょう。読むのが苦手な子には、漫画や雑誌、オーディオブックなどを紹介して、読書への興味を深めるのがお勧めです。

思春期になると、交友関係に興味を持つようになり、道徳や社会正義をテーマにした本や物語を好むようになります。

## 年代と段階

### 1歳半〜6歳

幼児の場合、実物の写真や絵が掲載されているボードブック（厚手の紙で作られた本）で、絵の近くに言葉がないものや、別の頁に説明の言葉があるものを選びましょう。この年頃の子どもは、韻を踏んでいる本が大好きです。韻を踏んだ言葉や繰り返しのフレーズを、子どもと一緒に言うようにしてください。寝る前だけでなく、定期的に子どもと一緒に本を読む習慣をつけましょう。

### 6歳〜12歳

家族で読書会をすることを始めてみましょう。子どもが考えをまとめたり表現したりできるように、自分の言葉で答えられる質問をします。

### 12〜18歳

思春期の子どもは、さまざまなジャンルの本を読むようになります。小説だけではなく、伝記や自伝、時事問題を扱った本などのノンフィクションも、楽しむために読むことが多くなります。この時期には、より多様な本に触れられる機会を持てるようにしましょう。

## 本を大切にする

子どもと一緒に本を読み始めたら、単語や物語を教えるだけでなく、本を丁寧に扱い、優しく頁をめくることも教えていきましょう。

本を踏まないように気をつけること、投げてはいけないこと、ほかの物と同じように読み終わったら片付ける必要があるということを教えましょう。

# アートを楽しむ

アートは、私たちの歴史の一部で、ほかの人々の経験を理解する方法であるだけでなく、詩や歌、ダンス、物語などと同じように、個人的な表現方法でもあります。アートは、感情や考えを喚起し、鑑賞や理解も深める可能性を秘めている、人と人とのつながりの1つの形なのです。モンテッソーリ教育では、子どもたちができるだけ多様な形のアートに触れることを勧めています。

## 子どもにアートを紹介する

音楽、ダンス、映画、演劇に加えてアートや工作に触れる機会を持つほか、家庭でもアートに囲まれることで、子どもたちは世界の鮮やかな質感や歴史を感じることができます。子どもが小さいうちは、家族の文化やほかの国の文化の作品を飾って、世界の有名なアーティストに親しんでもらってください。

## 創造性豊かな環境

芸術を通して創造性を発揮するのは、子どもたちが自分の個性や知性を表現する数多くの方法の1つです。芸術的創造性は自分の経験を表現するだけでなく、学習能力や問題解決能力、計画性を高める上でも重要な役割を果たしています。子どもの芸術的な一面を応援することは、一生の財産となるでしょう。

- **創造性を発揮できる「整えられた環境」**を準備しましょう。このスペースには、子どもの興味の変化に合わせて、絵の具、コラージュ素材、パステルや木炭などの画材、ほかにも彫塑用の粘土などを置いてください。小さな子どもの場合は、できれば小さなテーブルと椅子を用意して、紙を敷くところから始めましょう。また、クレヨンやマーカー、小さなポンポンや羽など、工作に使えそうな物をしまう収納箱や引き出しを用意すると良いでしょう。

- **小さな子どもたちであれば**、まず手で絵を描くフィンガーペインティングや手を使って砂の

## " "

子どもがアートに興味を持ち、創造性を発揮できるような環境を整えることは、一生ものの経験につながります。

**小さい頃からアートに親しむことで、**
創造性が育まれ、運動技能の発達を
助けます。

トレーにお絵描きをします。手や指の筋肉を発達させ、動きをコントロールするために十分な練習をしてから、鉛筆やクレヨン、絵筆などの道具を使うようにしましょう。また、子どもたちは作ることが好きなので、作品の見た目はさほど気にしません。しかし、自分の作品が家に飾られた時には、嬉しく感じるものです。子どものお気に入りの作品を、どのように展示し家族で楽しむかを考えてください。

●**学齢期の子どもたちは**、特定の芸術表現や手段に興味を持つことがあります。これは、子どもたちの関心が、単に画材を試したり使ったりすることから、仕上がりに集中することに移ったサインかもしれません。自然の中やリサイクルショップで自分の使いたい物を見つけ、想像力や創造力を膨らませるのも楽しい

でしょう。また、この時期の子どもたちにとって、仲間との交流も大切です。友達と一緒にアート教室に参加したり、誕生日のお祝いにアートを作ったりしたいと思うかもしれません。

●**子どもがアート教室に参加したら**、色々なテーマを掘り下げられるようにサポートしましょう。アート教室で習ったことを話し合ったり、興味があれば美術館に行ったり、特定のアーティストに関する映画を一緒に見たりするのがお勧めです。例えば、静物画など、子どもが興味のあるスタイルを説明している図書館の本やオンライン資料を探したり、そのスタイルを中心とした作品を描いているアーティストについて話したりしてみましょう。また、静物画を描く道具を準備して、自宅で練習してみるのも良いでしょう。

# お金の管理を学ぶ

モンテッソーリ教育を意識している家庭では、子どもたちにお金のことと、生活におけるお金の役割について教えることが長期的な目標です。お金の管理を学ぶことは、日常生活での幅広いスキルを身につけ、金銭、財産、貯蓄、投資、慈善団体への寄付、借金などに対するバランスの取れた価値観を持った子どもに育つのに役立ちます。

## 年代 と 段階

**1歳半〜6歳**

4歳くらいから少額のお小遣いを与えることで、子どもがお金の使い方について気をつけて考える習慣を身につけることができます。

**6歳〜12歳**

子どものお小遣いを調整して、必要な物を購入できるようにしましょう。お小遣いの範囲内で生活することを学ぶことは、とても重要なスキルです。もしお小遣いをすぐに使ってしまったら、足りなくなるという当然の結果から、今後はもっと意識して使うようになるでしょう。

**12〜18歳**

思春期になると、子どもがお金の使い方にもっと気をつけるようになっているのが理想的です。そのために親はお小遣いを増やして、子どもが大きな買い物用に貯金できるようにするなど、計画的に行動することや衝動買いをしないようにすることを教えることも必要です。

## お手本を示す

子どもがお金について理解し、賢く使えるようになることは、本人が自立し、レジリエンス（回復力）や責任感のある、革新的なプランナー、意思決定者、問題解決者になるためのステップの1つです。親がどのようにお金を使い、共有し、貯めているかを観察することで、お金についての人生の教訓を学びます。例えば、お店でお金を払う時などに、親がお金を使う様子を見ることからこういった学びが始まっています。

親がお金についてどのように話すかは、豊かさや貧しさについての子どもの考え方に影響を与えるほか、お金に関する意思決定と行動選択のお手本となります。例えば、出費、予算、投資についての丁寧な話し合いを聞くことで、子どもはお金の話をする大切さを学びます。たとえ子どもが直接話し合いに参加していなくても、子どもは生活の中でこれらのパターンを見たり、聞いたり、感じ取ったりしています。

また学齢期の子どもには、理想としては、価値が上がり何らかの収入をもたらす資産と、価値が下がり所有するのにお金がかかる負債の違いを説明することで、金融リテラシー*を身につけるのにも役立ちます。子どもは、家や車など私たちが必要な物を維持するためにはお金がかかること、そしてその費用を理解することが家族の意思決定に大切なことを学びます。

＊[訳注]金銭に関する知識や能力。

## お小遣いのメリット

　4〜5歳頃からお小遣いを与えることで、お金の管理について考えるようになります。自分のお金を持つこと、それを上手に使ったり、価値のあることに使ったり、貯金したりすることを子どもと話しましょう。学齢期の子どもには、お小遣いを収入として使い、支出を決めて、貯蓄を計画するための予算表の作り方を教えます。幼い頃から、お金の上手な使い方を考えることが大切です。ほしい物と必要な物（下記参照）、価値と費用を比較検討し、自分が使える総額を子ども自身が考える必要があります。これらの貴重な段階を経ることで、自立して責任を持ってお金を管理し、支出を把握できるようになります。

## ほしい物と必要な物

　子どもがほしがったから何かを買うのではなく、よく考えてから買うようにしましょう。習い事の道具など必要な物と、新しいおもちゃなどほしい物の区別がつくように手助けすることが大切です。新しいおもちゃは特別な日のために取っておくか、貯金や、臨時のお小遣いを稼いで、自分のお金で買えるようになるのが良いでしょう。

　衝動買いをしないようにするためにも、実践的な方法を子どもに教えてください。一緒に食事の計画を立てるのもお勧めです。食料品リストを作り、一緒に買い物をして、リストに載っている物だけを買うようにします。その際、子どもに値段を計算してもらいましょう。そうすることで、食品ブランドを選んだり、リストの物だけを買ったり、支出を把握したりする方法を学ぶことができます。

**子どもと一緒に買い物をしている時**に、リストに従うことは、子どもにとっても貴重な学びになります。

135

**子どもに貯蓄や投資の基本を教えること**は、将来への備えとなります。

## お小遣いの積み立て

　子どもが大きくなるにつれ、より高いものを買いたくなり、貯金をしていてもお小遣いだけでは足りなくなることがあるでしょう。そのような場合には、子どもがどうやったら収入を得ることができるか考えるサポートをしましょう。普段決められた家事以外のことをしたり、家族のために仕事をしたりするかもしれません。また、親の助けがあるなしに関わらず、ケーキの路面販売＊を始めたり、家業を手伝ったり、自分で小さなビジネスをしたりするなど、何らかのビジネスを始めるためのアイデアを練ることもあるでしょう。このように自分で何かを立ち上げることは、子どもが臨時収入を稼ぎながら、革新的で自立した責任感のある大人になるのに役立ちます。

## 残高の管理

　子どもが予算を組む基本の考えを学んだ後は、請求書の支払いを確実にする方法、お金の流れの予測、支出と残高の調整をする方法などを教え、日常生活に役立つスキルを身につけられるようにサポートしましょう。

- **紙の銀行通帳でも、オンラインの銀行取引でも**、色々な支払い方法があることを伝え、月末に明細書と照合して数字が一致しているかどうかを子どもと一緒に確認しましょう。家計簿ソフトを持っているのであれば、口座の設定、請求書の入力、いつ何を支払うのかを計画する方法などを教えてあげてください。

- **年齢が上の子どもたちであれば**、支出を記録する方法、銀行の明細書を読む方法、表計算ソフトを使って毎月の予算を立て、実際の支出と予算を比較する方法などを学べます。また、長期的な貯金や投資の目標に向けて、自分がどの程度成果を上げているかを見積もることができます。

## クレジットカードと貯金

　クレジットカードを賢く使う方法を学ぶことも、子どもにとっては大切です。大きな買い物は、全額前払いするのが理想です。時間をかけてお金を用意する必要がある場合は、一番良い条件を探し、継続的な費用を予算に組み入れる方法を教えましょう。

　子どものマネープランニング（お金の計画）には、貯金を意図的に組み込むことをお勧めしま

**体験談**
**デイビッド（アッシャー〈7歳〉の祖父）**

7歳の孫息子が、マウンテンバイクをほしがっていました。お兄ちゃんがすでに自分のマウンテンバイクで近所の公園を走っていたので、一緒に遊びたかったんですね。

彼の母親と相談して、誕生日プレゼントに自転車を贈ろうという話になったのですが、もう十分にお金を出せる年齢になっていると思いました。そこで、アッシャーの母親と私がバイクの費用を3分の1ずつ負担し、本人には2カ月間、家族で飼っている犬の散歩と週1回の犬のお風呂を担当してもらうことにしました。アッシャーは毎週、自分のお小遣いを稼ぎました。自転車屋さんに行って自分の自転車を選んだ時には、格別に誇らしげでした。

す。貯金を単に家計の支出と考える家庭もあれば、大きな買い物、予期せぬ旅行や活動、緊急時のために貯めることを子どもに教える機会と考える家庭もあります。子どもの今の貯金額自体は重要ではありませんが、そこから学べることは貴重なものです。

**" "**
子どもが大きくなるにつれ、自分でお金を管理するようになり、将来の計画を立てることができるようになります。

## 事前に計画する

子どもは、自分のお金の管理や将来の計画に関わることが増えてきます。そのためにも「家族の戦略的計画」を一緒に考えることで、計画の立て方を教えます。「家族の戦略的計画」には、家族が何を求めているのか、そのためにすべきこと、誰が関与するのか、達成までにかかる時間などが含まれます。進学、起業、旅行の費用など、10代の子の将来計画も盛り込めます。ベンチャー企業のパートナーになったり、受動的な収入源を開拓したり、株式市場について学んだりするなど、投資によってお金を稼ぐ方法を考えられるようにもサポートしましょう。投資先の企業を選ぶことで、自分の価値観に合ったミッションや活動をしている企業があるかどうかを調べる良い機会になります。

# 宿題

多くの場合、宿題は親子喧嘩の火種になっています。モンテッソーリ教育では、いわゆる宿題を課しませんが、子どもの学校が宿題を出しているご家庭もあるでしょう。こういった場合に、宿題を苦にするのではなく、楽しい学びの経験にする方法を紹介します。

## モンテッソーリ流のやり方

モンテッソーリ教育では、従来の宿題は一般的ではありません。代わりに、家で学校の勉強をするとしたら、読書、発表準備、家族の食事の献立作りや予算決め、ほかにも招待状や手紙、メールや記事を書くなど、子どもたちが興味を持っていることをするようにします。試験勉強あるいは研究課題や調べ物があるかもしれませ

んが、勉強の大半は学校の授業時間内で行われ、宿題は、子どもたちの知識やスキルを実際に使えるようにするためのものです。家庭での時間は、学校で習ったことを吸収し、振り返り、習得するために使います。

## "家族で学ぶ時間"

どんなかたちの宿題でも、モンテッソーリの精神があれば、学ぶことは家族のルーティンにしやすく、みんなにとって家での勉強が楽しいものになります。新年度が始まる前に、家族会議で「家族の学習時間」について話し合ってみてください。いつ、どこで、家族のそれぞれがどのような活動をするのか、いかにこの時間が役立つのかを考えます。読書、ネットでの調べ物、模型の採寸やデザインの作成など、家族全員で学習活動を行う時間と場所を決め、それを守りましょう。あらかじめ準備しておいて、みんなが自分の意見を出すことで、家族の一人ひとりが生涯学習者であり、学ぶことは楽しいという意識が生まれます。1人で作業する時でも、誰かに助けてもらいたい時でも、全員がその場所にいることが大切なのです。

- **週に1度の家族会議では**、一人ひとりがその週に予定されていることを伝えます。仕事のプレゼンの用意をしている親、テスト勉強がある子、本を読んでまとめないといけない子、自分の家系について調べる親もいるかもしれません。こういった会話をすることで、家族全

## 自分の言動に気をつける

親自身の仕事への取り組み方が、子どものお手本になることを忘れないようにしましょう。もし親が仕事について否定的に話したり、雑に扱ったりすると、仕事はくつろげる余暇とは真逆で楽しいものではなく、ただ我慢しなければならないものであるというメッセージを子どもに送ることになってしまいます。逆に、仕事にやりがいを感じていることを表せば、仕事は人生の大切な一部を形成する充実したものであることが伝わるでしょう。

員が今後の予定を把握できるほか、お互い
を理解してサポートすることができます。

- **毎日の家族の学習時間の始まりに**、何を達成
  しなければいけないのかを子どもに聞き、大
  人自身も何を達成したいのかを話してくださ
  い。これにより、子ども自身で勉強時間を設
  計できるようになり、成功へと導くことができ
  ます。

## 年代と段階

### 1歳半〜6歳
たくさん本を読みましょう。物を数えたり、比
べたり分類してください。寸劇を作って演じて
みたり、一緒に歌って踊りましょう。

### 6歳〜12歳
課題を管理できるようにサポートします。大
きな課題の管理は手伝っても、手出しはしな
いでください。どうやるべきかは言わずに、取
り組んでいることについて質問しましょう。

### 12〜18歳
より難易度が高い課題に取り組めるように、
サポートします。これにより、もっと時間や説明
が必要になったら、親がそばにいる安心感だ
けでなく、自分でできると思えるようになります。

**静かに空間を共有し、**家族それぞれが「学
び」の時間を楽しむことで、お互いに支え
合い、宿題に集中できる環境が整います。

**" "**

適切なアプローチと励まし
があれば、子どもたちは自
分の興味があることを探求
し、学んでいきます。

**子どもがしていることに興味を示しながら**も、自分で解決策を見つけられるようにサポートしましょう。

## なぜ子どもは学ぶのか？

　教育の目的は、テストに合格することだけではなく、十分な知識と思慮のある大人の社会の一員になり、変化し続ける世界に適応できる人になることです。

　子どもは生まれながらにして知的で、好奇心旺盛で、創造力が豊かです。機会を与えられれば、励ましや外からの助けがなくても、自分が興味あるものは何でも探求します。

　学校の授業が、文脈を理解することや新しい状況でスキルや知識を応用することよりも、暗記を重視していることが懸念されています。さら

に、親や教師が褒美や圧力を使って勉強させようとすると、子どもたちは授業や教師、宿題やテストに対して抵抗感や反感を抱くようになります。テストへの不安は大きな問題です。親の多くが、子どもたちが成功し、優れた能力を発揮できるようにしてあげることを望んでおり、そのためには外からの後押しが必要だと感じています。

## 親の役割

　138〜139頁で説明したように、すべきことを決めサポートするだけでなく、子どもが宿題を楽しんでするには次のことを参考にしてください。

●**子どもの宿題の量に注意を払いましょう**。それは、面白そうなものか、それともつまらなさそうなものか、終わらせるのにどれくらい時間が必要か、ただ写しているのか、ストレスや怒りを感じているのか、疲れているのか？　もし夜遅くまで宿題をやっていたり、不安に感じていたりするようであれば、子どもの先生と話してみてください。子どもの課題の量が多すぎるかどうか、あるいはさらなるサポートが必

要かどうかを判断してくれるはずです。

- **学校外での学習サポートが必要**だと思われる明確な理由がある場合や、子どもが行きたいと言ったり、楽しんでいたりする場合を除き、塾や家庭教師を取り入れたいという誘惑に負けないようにしましょう。

- **学びは楽しくて面白いものであるべき**で、恐怖心や嫌な気持ちでやるものではありません。子どもと一緒に追加の勉強をする時間が必要だと感じている親が多いようです。それはそれでかまいませんが、どちらかがイライラしたりやる気がなくなったりするようであれば、やらない方が良いでしょう。

- **子どもの宿題は、子どもがやるもの**で、大人の宿題ではありません。子どもが助けを求めてきたら、本人の考えとどうやってそれを実現するつもりかを説明してもらいます。これで、やらなければいけないこと、どうやって進めていくかを子どもも理解できます。宿題をたとえ一部でも、子どもの代わりにやらないでください。子どもが何かをすることで学び、やり遂げることで理解を得るために課題が与えられているのです（142頁参照）。親が考えてしまうと、子どもの学びにはなりません。

## 66 99 体験談
**ダニエル（ジョセフ〈15歳〉の父親）**

ジョセフが中学になると、宿題を終わらせるのに苦労することが多くなりました。息子は、準備も協力もせず、言い訳ばかりしていました。理詰めで説明してもうまくいかないので、その場で対処せずに、家族会議で話し合いました。穏やかな家族会議のあり方にも助けられ、心配していることと、彼を手伝いたいと思っていることを伝えました。

ジョセフに、宿題を代わりにすること以外で、何かできないかと聞いたところ、やるべきことに追われ、頭が真っ白になることがあると話してくれました。私たちは、彼のやるべきことをリストに書き出し、優先順位をつけ、それぞれの課題を終わらせるためにすべきことを考えるのを手伝いました。活発な子だったので、1つの課題を終えたらカバンにしまい、脳を休めるために腕立て伏せなどをすることを提案しました。彼にとってはこれが良かったみたいです。定期的に助けを求めてきますが、私は息子の様子を確認し、努力や進歩に励ましの言葉をかけ、課題を終わらせた時には頑張ったことを認めています。

# 課題の手伝い

　小学校に上がると、セリフの暗記、模型の作成、実験の準備など、数日から数週間、あるいはそれ以上の期間をかけて準備が必要な充実した内容の課題が出されることもあるでしょう。親の役割は、子どもが計画性と整理整頓の技を身につけられるようにサポートすることです。

## 手伝う方法

　手伝う目的は、子ども自身がより複雑な課題についてじっくり考え、やり遂げる方法を学ぶために、コーチングで導いたり、ひらめきのきっかけを与えたりすることです。決して子どものために課題をやってあげることではありません。その代わりに、必要に応じて質問して、考えを整理するのを手伝ってあげてください。

## 組織的な取り組み

　週に1度の家族会議は、学校での取り組みを把握するのに最適な時間です。家族それぞれが数週間先の予定を共有し、大きな課題や行事をカレンダーに書き込むのがお勧めです。子どもが学校の課題について話していたら、その詳細について話し合う時間を設け、サポートするのが良いでしょう。そうすれば、大事な予定を直前になって知って、イライラしたり、ストレスを感じたりすることが少なくなります。

　親は、子どもが着実にスキルを身につけ、考えを整理する方法を学び、時間割や作業手順を計画し、どのような材料や資料が必要かを考えていけるように導きながら、課題が終わるようにサポートしたり、後押ししたりしましょう。

## 実用的なサポート

　子どもの年齢や学校の方針、教科などによって、課題の幅は大きく変わってきます。完璧を求めてはいけません。むしろ子どもが安心して取

---

### 年代と段階

**1歳半〜6歳**

　4〜5歳になると、「"ショー＆テル"*の順番が来る」「歌の歌詞を覚えなきゃ」などと言ってくることがあります。励ましたり選択肢を与えたりして、自信を持って主導権を握れるようにサポートしましょう。

**6歳〜12歳**

　長期にわたる課題の場合は、締め切り前にドタバタしたり、率先して進めたり、子どものためにやりすぎたりしないようにしましょう。子ども自身が課題をよく考え、各段階が終わるごとに記録するのを手伝うとともに、その過程における子どもの努力や進歩を認めるのが良いでしょう。

**12〜18歳**

　この年頃の子どもたちは、より多くのそしてより複雑なプロジェクトに取り組むことができるようになります。いつ、どのような手順が必要なのか、どうすればストレスを最小限に抑えて進めていけるのかなど、子どもが集中して取り組めるような質問をしてみましょう。子どもたちを手助けして救うのではなく、励ますことが大切です。

---

　＊[訳注]クラスメイトの前に立ち、好きな物を見せながらそれについて発表し、質疑応答を受ける。

“ ”

子どもに質問をし、考えを整理できるようにサポートすることで、子どもが自分で考えられるようになります。

り組み、新しい課題が出るたびに向上心を持って臨めるようにサポートしましょう。以下のやり方を参考にしてください。

- **口頭や文章で感想文を用意したり**、クラスで発表したりする場合は、興味深いものになるように工夫しましょう。例えば、歴史上の人物や出来事が題材なら、パワーポイントを使って発表したり、小道具を使ったり、登場人物に扮したりするなど、色々な方法があります。
- **科学プロジェクトのアイデア**について意見を交換し合いましょう。実験のやり方、研究内容や結果の発表方法、他の人への説明の仕方などについて、計画する時に子どもをサポートしましょう。
- **演劇や授業の朗読用に、子どもがセリフを覚**えているとしたら、練習を聞いてあげてください。気持ちをドラマチックに表現する方法について優しくアドバイスをしながら、子どもが自分の出来具合を振り返るように促します。例えば、どう感じたのか、何が良かったか、何を

変えたら良いのかなど、練習後に子どもに感想を聞いてみましょう。こうすることで、子どもが自分はダメだと感じにくくなります。また、練習を録画するのもお勧めです。子どもに動画を見せて、自己評価してもらってください。もし、親に演劇の才能があって、子どもが嫌な思いをしないようであれば、演じ方を見せてあげるのも良いでしょう。また、こういった課題に取り組む際、子どもが一度に使える感情のエネルギーには限界があることを覚えておくことが大切です。

- **衣装や小道具の準備**は、子どもにも手伝ってもらいます。これにより、すべての面において「自分でやった！」と実感することができます。

**コスチュームに着替えて課題に取り組む**など、創造的な方法を提案すると、色々なテーマを学ぶ時に、新しいやり方を見つけられます。

# 一緒に時間を
# 過ごす

　同じ家族の一員であり、同じ家に住んでいながら、一緒に充実した時間を過ごすことがあまりないのも珍しいことではありません。

　一緒に過ごす時間は、家族の誰にとっても大切なものです。パートナーがいる方は、心の通ったコミュニケーションを取りながら一緒の時間を過ごし、信頼関係を育みましょう。どのような家族構成であっても、モンテッソーリ教育を意識している家庭では、仲良く、協力的で、お互いに助け合う家族を育むことが目標です。また、各家族には独特の家族意識がありますが、それぞれが興味と個性を持ったユニークな個人で構成されていることを忘れないようにしましょう。家族を作るということは、親、子ども、そして時には親戚が集まって小さなコミュニティーを作り、みんなで生活するということです。

**" "**

お互いに楽しみながら一緒に過ごす
時間は、家族の絆や個々の関係性
を深めます。

# 家族の絆を深める

　充実した時間を一緒に過ごすことは、家族の絆を深めるために大切です。毎日の生活の中でのルーティンから、一緒に外出したり旅行を計画したりするまで、家族で一緒に過ごす時間を作る方法はたくさんあります。

## 一緒に過ごすこと

　私たちには、食事時間、学校の送迎時間、夜のリラックスタイムなど、毎日のようにお互いにつながる機会があります。こういったルーティンだけでなく、一緒に遊んだり、学んだり、旅行したり、本を読んだり、話をしたりする時間を積み重ねることが、家族の絆を深めることにつながります。また、家族の思い出や伝統を作り、共有することも大切です。子どもが将来自分の家族を持ち、子どもの頃のことを聞かれた時に、こういった思い出や伝統が語り継がれるでしょう。一緒にプロジェクトや活動を楽しむことも家族の絆を深めてくれます。

　デジタル機器をしまって、家族がお互いに集中することも大切です。お互いのつながりを取り戻し、互いの関係を優先させるためにも、家族の時間をデジタルの世界から切り離すようにしましょう。

**家族で一緒に活動を楽しむ時間**を設けることで、家族の関係性を築き、絆を深めることができます。

# 家族の歩んだ歴史を伝える

　家族の歴史の話は、普段の生活の中で自然に、形式張らずに共有されることが多いでしょう。子どもたちは、今も健在の人や先祖の話など、家族の暮らしや歴史を知ることで、さまざまな恩恵を受けます。

## 家族の歴史をいつ伝えるべきか

　日常生活の中で、家族の歴史を伝える機会はたくさんあります。積極的に話をすることで、子どもは帰属意識を高めることができます。このような家族の話は、ユーモア、悲しみ、感謝、愛情など、家族の感情に訴えかけることができます。子どもに家族の歴史を伝え、感情を素直に表現することで、子どもも自分自身の感情と向き合うきっかけになります。

　子どもが親であるあなた自身の小さい頃の話を聞いたり、祖父母が育った頃のことを聞いたりすることで、今まで知らなかった話が出てくるかもしれません。また、家族の集まりで誰かが思い出話をしている時や、子どもの頃に住んでいた場所やよく行った場所を訪れた時に、思わぬエピソードが出てくることもあるでしょう。

- **家族の話は、笑いのきっかけ**になります。ひょうきんで面白いものが多いので、子どもは物語が生み出す楽しさや笑いを味わうことができます。ただし、皮肉を言ったり、他の家族をからかったりするようなユーモアにならないように注意してください。むしろ、何事も楽観的に捉えることで、人生に何が起こっても家族で一緒にレジリエンス（回復力）や健全な態度を身につけることができるということを、子どもに教えていきましょう。笑いを生み、みんなが楽しめる温かさを感じられるような優しいユーモアを含んでいるのも、家族の話の良いところです。

- **家族の歴史には、勇気や逆境を乗り越えること、家族の信念を貫くこと、起業といった現代**

## 年代と段階

### 1歳半〜6歳
　小さな子どもたちは、親が家族の話をしてくれるのが大好きで、何度も家族の話を聞かせてほしいとせがんでくるでしょう。ほかの家族も語ることに加わるなど、家族の話をすることは生活の一部となるかもしれません。

### 6歳〜12歳
　祖父母や親戚から子どもの頃の話を聞いたり、写真アルバムを見たり、インターネットで家族の歴史を調べたりと、この年頃の子どもたちはもっと詳しく知りたいと思っているかもしれません。

### 12〜18歳
　ティーンエイジャーは、一時的に家族の歴史への興味を失うこともあれば、興味が高まることもあります。写真を集めたり、家族のインタビューを録音したりするなど、歴史資料を作って、自分の家族史を残したいと思う子もいるでしょう。

機会があれば家族の話
をすることで、子どもは
強い帰属意識を持つこ
とができます。

**写真を見る時に、家族や先祖の話**を織り交ぜることで、子どもが家族の歴史の一部であることを実感できるでしょう。

にも通じるテーマが含まれています。そのため子どもたちにとっては、貴重な教えがたくさんあります。

## ご先祖を敬う

何世代にもわたって語り継がれてきた家族の話を、子どもにとってより現実味を持ったものにするための方法を探してみましょう。話に出てくる人たちの古い写真があれば、それを子どもに見せるのも良いでしょう。お墓に行ってお花を供えることでも、記憶や思い出を呼び覚ますきっかけになります。小学生から思春期にかけて、

子どもは自分の先祖がどんな人だったのかに興味を持つようになることがあります。特に、歴史の授業で勉強しているテーマと関連していれば尚更です。例えば、女性参政権運動や、そこに曾々祖母が参加していたかもしれないとか、曾祖父母の生活が戦争によってどのように影響を受けたかなどに興味が湧くかもしれません。先祖に関する話を伝えることで、歴史の一部に光を当てることができます。先祖が移住していた場合、生まれた地域やそこでの生活について学ぶのも、子どもたちにとっては興味深いでしょう。

## 日々の戦略
# 合意に達する

意見が食い違うことは、日常茶飯事です。揉め事を解決し、喧嘩の後に子どもと分かり合うことは、子ども自身が兄弟姉妹や親、友だち、そのほかの親族との関係を学び、ともに平和に暮らすためにも大切なことです。

子ども同士の意見がぶつかる時は、親は聞き手として、何が起こったのか、どうすれば揉め事を解決できるのかを子どもたちが考えられるようにサポートしましょう（108〜111頁参照）。

同じように親子の意見が合わない時には、モンテッソーリ教育のやり方では、親が子どもに歩み寄り、揉め事を解決して合意できるようにします。子どもが物を買ってとせがんでも、家事をしなくても、あるいは思春期になって無駄にお金を使っても、親の役割は平和に揉め事を解決する方法を見せることです。

子どもと意見がぶつかり感情が昂ぶっている時は、解決を急ぐ前にいったん離れて一息つくほうが良いでしょう。お互いの心が落ち着いている中立的な時を待ってから、話し合うようにしましょう。親としては、むきにならないように、冷静になって、ある程度距離を置くことが大切です。また、子どもが何を言っても、何をしても、「親は自分を愛してくれている」ということが分かるように、「行為」と「人」を区別して考える＊ことも大切です。平和に合意に達する方法については、150〜151頁を参照してください。

> **66 99**
>
> 静かで落ち着いた時間を待って、揉め事について話し合うことで、親子が円満に合意に達することができます。

＊［訳注］子どもそのものを問題とみなすのではなく、子どもの行為に問題があるという見方。

## " " 体験談

マイケル
(イザヤ〈23歳〉、モーガン〈22歳〉、マティソン〈14歳〉の父親)

　一番下の娘はまだ家にいて、上の2人は家を出て大学に通っています。しばらくすると、お兄ちゃんやお姉ちゃんがいないことに寂しさを感じるようになったのか、下の娘が「犬がほしい」と普段はあまりしないお願いをしてきました。

　私たち夫婦は、娘がペットを飼うことにすぐに飽きてしまうのではないかと心配していました。そこで私たちは、娘に犬を飼う準備をさせるために、飼った後の世話や義務について丁寧に説明しました。しかし、彼女の犬を飼いたいという気持ちは変わりませんでした。そして、犬の世話は彼女がすべて責任を持って行うことを約束したんです。

　子犬を家につれて帰ってきた日、娘はすぐに子犬を気に入り、オリーと名づけました。初日から、彼女はあらゆる面で子犬の世話をし、気を配るという意味で、私たちの期待を上回っていました。ほかの14歳の子どもたちと同じように、マティソンにとって、実際に命の世話をする責任を負うということは大変な現実でした。私たちも時々手伝いはしますが、代わりにすることはしません。娘を救済することなく、補助することもなく、彼女が求めた責任を放棄させることなく、自分自身で経験させたことで、彼女は大きく成長しました。どんな状況であっても、娘はオリーの生活が快適になるように、自分のすべきことをやっています。

# 合意に達する
# 実践方法

### 落ち着いた時間を待つ

例えば、仮に子どもと一緒に買い物に出かけた時に、子どもがほしがっている物を買わないと言ったために、ちょっとした口論になったとします。この場合、「買わない」という言い分を貫くのはとても大切なことですが、お店の中で大きな揉め事になるのは避けたいところです。その代わりに、家に帰ってから2人の心が落ち着くまで待って、お店での出来事をもう一度話し合うようにしてみてください。「今日、一緒にお店に行った時のことを話そうね」と子どもに優しく話しかけましょう。

### 子どもの気持ちを受け止める

まずは、あなたにも子どもにも、どちらにも原因があったことを伝えることから始めてみましょう。例えば、「さっき、あなたと私で、お店で何を買うかについて喧嘩になったよね。私はお店で言い争いをしたり、騒いだりするのが好きではないし、あなたもきっと嫌だと思うんだけど、違うかな?」と言ってみましょう。こうすることで、お店の中で口論を続けたあなたと子どもの双方に責任があるということだけではなく、あなたが子どもの気持ちを大切にしていることも伝えることができます。

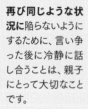

**再び同じような状況に**陥らないようにするために、言い争った後に冷静に話し合うことは、親子にとって大切なことです。

## 合意に達する

あなたと子どもの双方で起こったことを認識して、お互いに非があったことを明確にします。それができたら、子どもに協力してもらって問題を解決し、同じことが再び起こらないようにするための方法を一緒に考えてみましょう。例えば、必要のない買い物は一緒にしない、口論になったらすぐにお店を出る、口論になったら事前に合意した合図でやめる、などを決めておくと良いでしょう。アイデアを話し合った後、お互いが同意できるものを選んで、試してみましょう。

> ❝ ❞
>
> 揉め事になったのは、お互いに非があったということを認めることで、親であるあなたが両方の側面から物事を見ていることが子どもに伝わるでしょう。

## 制約を決める

もしも子どもが合意事項に従わないような場合には、もう一度話し合いましょう。一緒に解決するために、「制約」付きの新たな合意を作る必要があるかもしれません。もし家族全員に影響するような状況であれば、家族会議で話し合うことも考えましょう。「制約」をかけることの意味は、子どもを罰することではなく、子どもに教えるということです。子どもが不適切な行動をやめ、親の懸念事項を理解し、そして責任ある行動をするようにサポートするのが親の役割です。制約を決める際には、以下のことを考慮しましょう。

- **選んだ制約は状況に合っているかどうか**を確認しましたか？

- **この制約を求めることは**、子どもにとって妥当ですか？

- **この制約は、子どもと家族を尊重するも**のですか？

- **この制約を課すことで**、子どもは責任を取ることができるようになりますか？

# 一緒に遊ぶ

競争は、学校や子どものスポーツでよく見られ、大人が子どもたちを外部から動機付けて人為的な競争心を持たせるためにもよく使われます。これとは対照的に、モンテッソーリ教育では、手を取り合い、協力して行う学びや遊びの精神を大切にしています。この考え方は、多くの文化で当たり前とされている典型的な競争意識とは大きく異なります。

## モンテッソーリ教育独自のやり方

モンテッソーリの教育理念は、競争の存在自体を認めていないと誤解されることがあります。実際は、モンテッソーリ教育でも、学校や職場、家庭における色々な場面で競争があることは認識しており、生きていく上で勝つ時もあればそうでない時もあるのは自然なことだと考えています。とはいえ、モンテッソーリ教育では、人生が注目や賞品を得るための競争であるという感覚を助長するのではなく、協力と協働の精神を育むことを大切にしています。

モンテッソーリの教室を訪れた人は、年齢の違う子どもたちが仲良くしている姿に驚くことがよくあります。ここでは、協働と共有の精神が育まれているため、子どもたちが一緒にあるいは隣り合って学んだり遊んだりしながら、ともに過ごす時間を楽しみ、それぞれが達成したことや節目を素直に喜び合うことができるのです。子どもたちはお互いに助け合いながら、成長していきます。他人を出し抜くことがなく、子どもたちは自然とお互いの成功を認め合います。

## 助け合う心

モンテッソーリ教育を意識している家庭では、親は家族の一人ひとりが異なる才能、課題、進歩の速度を持っている個人であることを尊重します。また、親は一人ひとりの存在や、それぞれが達成したことを認識し、感謝するとともに、家族会議や日常生活の中で、お互いの実績や成果を認め、喜び合える空間や場作りをします。

### 年代と段階

**1歳半〜6歳**

2〜3歳の子どもには、分け合うことや協力するお手本を見せてあげて、本人が必要なことを言葉で表現できるようにサポートしましょう。3〜5歳頃であれば、分け合うことも少しずつできるようになってきます。

**6歳〜12歳**

この時期に新しいスポーツやスキルを学ぶことは、イライラすることも多いでしょう。この年頃には、「学びの旅は続くこと」「負けることもあること」を受け入れられるようにしてあげることが、人生において大切な教訓になります。

**12〜18歳**

思春期の子どもたちは、家族から距離を置いたり、年下の妹や弟にイライラしたりすることもあるので、難しい年頃です。家族とのつながりを保つ方法を見つけ、子どもの友だちを歓迎することが大切です。

## 分け合うことを学ぶ

　人生の最初の6年間で、子どもたちは人間関係の築き方を学びます。最初の2〜3年は、親が身の回りの世話をすべてしてくれるので、世界は自分を中心に回っていると考えがちです。

　2〜3歳の間に、自分は親とは別の存在であることを認識し始めます。自分で何かをしたり、自分の要求を言葉で表現したりできるようになります。子どもたちがもっと色々なことができるようになってきたら、ガイド役や相談相手として、子どもたちが協力的に動き、他の人の要求にも気づけるようにサポートしていきましょう。

　この年齢の子どもたちには、おもちゃの貸し借りは難しく、親の注目がほかへ行くのも嫌がります。子どもにおもちゃを貸すように説得しようとする親もいるでしょうが、今は無理強いしないでください。1人で遊んだり、近くにいる人と一緒に遊んだりする方が好きで、貸し借りすることの意味を学んでいるところです。おもちゃを一時的に貸すことと、永遠に手放すことの違いが分からないのです。兄姉が、このことを理解できるように手伝いましょう。上の子には、少しの間、ほかの物で遊んでもらうように提案するのも良いでしょう。3歳以上の子どもには、おもちゃの貸し借りで喧嘩になった時の解決の仕方を教えてください（108〜111頁参照）。

　3〜5歳頃には、順番を守れるようになります。礼儀正しく貸し借りする方法を見せ、状況に応じて適切な行動を取れるようにサポートします。

## 対戦型の遊びを楽しむ

　小学生から思春期にかけて、子どもたちは競争を楽しむことも多く、結果にこだわります。新しい概念やスキルは、失敗しながら身につけていくものだと認識させることが大切です。また、ボール遊びやボードゲーム、ジェスチャーゲーム*など、みんなで一緒に遊ぶことは、楽しいから自ら選んでやっていることです。自分の意思で選んだことにより、お互いに傷つけ合わずに健全に競争することができるのです。

**お互いが好きな活動をすることで、**成功しなければならないというプレッシャーを感じることなく、楽しく参加し、競争することができます。

---

＊[訳注]身振り手振りだけで相手にお題を伝えるゲーム。　　153

# 家族のプロジェクト

家族でプロジェクトに取り組むことで、親子で一緒に計画を立てて作業する機会ができ、達成感が得られます。こういったプロジェクトにより、親子の絆を深め、子どもが「楽しかったし、生活に役立つスキルも身についた」と感じてくれるようになるのが理想です。

## 家族で力を合わせる

家族のプロジェクトが、室内や外でやらなければならない大きな仕事であっても、子どもが楽しむために作るものであっても、家族でともに働くことが本当の目的です。もちろん、家族全員で一緒に作業することが現実的かどうかは、親自身のスキルや子どもの年齢にもよります。

- 子ども部屋に新しいベッドや家具を組み立てることから、外で食事をしたり時間を過ごしたりできるようにデッキを作ることまで、家族全員が参加できるプロジェクトは色々あります。
- 砂場を作ったり、屋外の遊具を設置したり、室内の小さな遊び用の机にペンキを塗ったり、さらにはツリーハウスを作ったりと、子どものための遊び場を家族みんなで作ることができます。
- 家の外での家族のプロジェクトとしては、社会奉仕活動が考えられます。困っている家庭に食事を届けたり、フードバンク*を手伝ったりするなど、社会に貢献できるようなボランティア活動ができます。ほかにも、公園や河川敷の掃除をするなど、家族で力を合わせて作業をするのも良いでしょう。

## 自分から手伝う

子どもと一緒に家族のプロジェクトに取りかかる際に、子どもがどう思っているかを考えることが大切です。無理やり手伝わされたと感じて不満に思っているでしょうか。それとも、普段の家事以外に家族で何かを一緒にすることによって、良い経験になっていると感じているのでしょうか。

親としての目的は、子どもに、家族みんなが何らかの形で手伝う必要があり、時には選択の余地がないことを理解してもらうことです。家族で協調して働くためには、ストレスを最小限に抑

## 年代と段階

### 1歳半〜6歳
幼児でも、家族のプロジェクトが進行中だと分かっています。3〜4歳になると、サポートがあればできることが増えてきます。5〜6歳では、子どもサイズの道具を扱えるようになり、プロジェクトの一部を自主的に進められます。

### 6歳〜12歳
子どもからプロジェクトを提案したり、企画の過程で力になってくれるようになります。手伝うことで、学べることがたくさんあります。子どもの年齢、体力、成熟度に合わせて、安全にできる作業を見つけてあげましょう。

### 12〜18歳
1人で、あるいは何らかのサポートを受けながら、大概のプロジェクトを計画し、整理し、完成させられます。この年頃の子どもたちは、自分で計画を立て、道具を正しく使い、すべての役割を果たすこともできます。

　　*[訳注]売りに出せない食品や不要な食品の寄付が集まる食料銀行。

**共同プロジェクトを通して**、子どもはチームワークと課題を完了させることを学んでいきます。

え、家族間の揉め事をできるだけ落ち着いて解決することが大切です。幼少期にこういった経験をすることで、子どもは家族で一緒に何かをしたり、家事を手伝ったりしたことに前向きな気持ちを持てるようになります。

## 現実的な期待

　子どもがプロジェクトに取り組む時間や本人がどれくらい頑張るかに対して、非現実的な期待を抱かないようにしましょう。年齢によって子どもがどの程度手伝うことができるのか、現実的に考えてみてください。また、特定の作業に対して集中力や興味がどれくらい続くのか、プ

ロジェクトを完成させるためにどれくらい真剣にやるのかは、大人とは違う可能性があることを忘れないようにしましょう。家族で一緒にプロジェクトに取り組む目的は、単に作業を終わらせるのではなく、みんなで協力しなければならない時があり、それは家族が生活する上で当然で好ましいことなのだと子どもに分かってもらうことです。理想的なのは、子どもが完成した作品を見て、「これはみんなで力を合わせたからできた！」という感覚を持てることです。時間が経つにつれ、子どもたちの責任感が強くなり、プロジェクトが成功した時には誇りと達成感を感じることができるでしょう。

## 日々の戦略
# 静かな場所を作る

人は誰もが不満や怒り、失望、寂しさなどの感情を経験します。こういった感情をどのように表現するかによって、傷ついたり、ダメージを受けたりします。モンテッソーリ教育では、すべての感情は人生の大切な一部であると考えられています。親なら誰もが、子どもが自分の感情を認識し、心を落ち着かせ、自分の気持ちを素直に表現できるようになる助けをしたいと願っています。

子どもが小さいうちは、怒った時にとる最初の行動は、泣いたり、叩いたり、何かを投げたりすることが多いものです。しかし、子どもが感情を認識できるように新しい言葉を与えることで、行動ではなく言葉で自分を表現できるように手伝いましょう。単に「落ち着きなさい」と言っても、恐らくうまくいきません。また、どうやって気持ちを収めたら良いのかを教わっていないので、さらに腹を立てる可能性もあります。その代わりに、「あなたが腹を立てたり、怒ったりしているのは分かるよ。ゆっくりと深呼吸してごらん。一緒にやってみよう」と伝えましょう。

子どもに「感情」というものを教えたら、家族会議で、一人ひとりのために「静かな場所」を作ることを話し合いましょう(158〜159頁参照)。これは、子どもの感情が昂っている時にリラックスするための快適な場所です。気持ちがやわらいで、落ち着いて対話ができるようになったら、家族のもとに戻ってくることができます。「静かな場所」を設ける目的は、罰することではなく、しつけの本当の意味を教えることです(40頁参照)。子どもが、心の仕組みや感情がどのように行動に影響するのかを学び、この先もっと考えて行動がとれるようになるのが理想です。

**" "**

静かな場所を設けることで、子どもが自分の気持ちについて考え、感情がどのように行動に影響を与えるのかを知ることができます。

# 66 99 体験談
### ロバート（クラーク〈14歳〉とナタリー〈11歳〉の父親）

　子どもたちが4歳と7歳くらいの時に、家族それぞれが「静かな場所」を持とうという話になりました。子どもたちが小さい頃は、感情を言葉にして、落ち着いて自分の気持ちを表現できるようにサポートしていました。それでも、何かの拍子に感情が爆発することも時々あったので、「静かな場所」があれば、家族それぞれが心を落ち着かせることができるのではないかと考えました。

　長男のクラークも妹のナタリーも、「静かな場所」を作ることに大賛成でした。クラークは、バスケットボールをドリブルしたり、車寄せにあるゴールネットに向かってシュートしたりすることができる家の外を、「静かな場所」にしたいと提案しました。ナタリーは、自分の部屋に絵を描ける空間や、ぬいぐるみと一緒にいられる居心地のいい空間を作りたいと考えました。私は自分の音楽をかけられる小さな書斎を、妻は寝室のロッキングチェアを選びました。

　最初はこのやり方がうまくいくかどうか不安でしたが、それぞれ選んだ場所がぴったりでした。私たち家族の「静かな場所」は、誰でも心を落ち着けるために1人の時間が必要な時に、間違いなく役に立ちました。今でも各自決めた場所を利用しています。

# 静かな場所を作る
## 実践方法

### プライバシーについて話す

家族会議で、「静かな場所」が「1人になって落ち着けるプライベートな空間だ」と周知します。これは、親が最後の手段として使う「タイムアウト(子どもが好ましくない行動をとった時に、別の場所に隔離する方法)」とは正反対です。タイムアウトは、恨みを買う可能性が高い上、反省を促しません。

### 一緒に決める

子どもの「静かな場所」をどこにするかを、本人と一緒に決めましょう。子どもを巻き込んで決めることで、本人が「自分で決めた場所だ」という意識を持つことができます。そのため、協力的になるので、心を落ち着かせるための静かな場所という概念を受け入れやすくなります。

### 家族みんなのための手段

家族の誰もがお互いに、「静かにちょっと休んだほうがいいんじゃない?」と提案できるようなガイドラインを一緒に作りましょう。みんなが落ち着いていて、チームの一員であるという気持ちがある時に、家族会議でガイドラインについて話し合うのが良いでしょう。

### 提案を受け入れることに同意する

家族全員が、親や兄弟姉妹の「静かに休んだほうがいいよ」という提案に耳を傾け、協力することを約束しましょう。静かな場所に行くような状況が発生した時に、誰かが会議で同意したにも関わらず実行しない場合は、違う戦略を試してみる必要があるかもしれません。

### 自分のための「静かな場所」を作る

各人が選んだ「静かな場所」について話し合います。活動すると落ち着く人もいるでしょう。居心地のいいコーナー、ロッキングチェアー、ボール遊び、庭いじりなど、「何をどこでする」かは人それぞれです。本、クッション、音楽、ヘッドフォン、水槽、絵の具や粘土、禅の庭の置き物などが、「静かな場所」にあるかもしれません。

### 時間制限を設けない

1人になる時間に、制限を設けないようにしましょう。「タイムアウト」とは対照的に、「静かな場所」は、子どもの自己コントロール力を育みます。また、感情が昂って休憩が必要な時や、問題について考える時間が必要な時を子ども自身が理解し、家族に再び合流できるくらい落ち着いたかどうかを自分で判断できるようになります。

### 子どもが「嫌だ」と言った時

もしあなたが「静かな場所に行こう」と誘っても、子どもが言葉や行動で「嫌だ」と言う場合は、次のことを試してみてください。

• 「**タイムアウト**」を経験している子は特に、罰だと思ってしまうかもしれません。最初の数回は子どものそばにいて、「静かな場所」は安心できる場所だと教える必要があります。子どもの心が静まったら、1人で落ち着けるように、その場から離れましょう。

• **子どものお手本**になりましょう。あなたが自分の「静かな場所」で、深呼吸や読書などをして、心を落ち着かせます。家族のところに戻ったら、「スッキリした」と言ってみましょう。

• **最後の手段**として、「静かな場所」に行くのに助けが必要か聞いてみましょう。もしそうなら、愛情を示しながら連れて行ったり、抱きかかえてあげてください。

> ❝ ❞
> 「静かな場所」は、家族みんなが自分の状況について考えたり、落ち着きを取り戻したりできる空間です。

**心地がよく落ち着ける1人になれる空間**があることで、自分を見つめ直すことができ、自己コントロール力が育ちます。

# 一緒に自然を
# 楽しむ

モンテッソーリ教育の価値観では、天然資源や地球を大切にすることや、家族で自然の中で過ごすことを重視しています。一緒に自然の中で過ごすことで人間関係が深まり、子どもが自然とのつながりを強く感じられるようになっていきます。こういった価値観で育てられた子どもたちは、環境保護に関わるようになるかもしれません。

## 自然を観察する

子どもの成長に関する研究によると、家でデジタル機器を使っている時間が長い子どもよりも、自然と触れ合っている子どものほうが、落ち着いていて、しっかりしているということが分かっています。ガーデニングや公園での散歩、森の中でのハイキング、意識して自然を間近で観察するなど、家族で自然の中で過ごすことは、どれも楽しくてお得で、心と体の健康に良い影響

自然環境の中で一緒に過ごすことで、自然とのつながりを感じるほか、自然への敬意が生まれます。

があります。

- **虫眼鏡、虫かごや瓶、小さな図鑑など**、自然観察で見つけたものを集めたり、識別したりするのに役立つ道具を用意してください。家にスペースがあれば、子どもと一緒に自然の中で見つけたものをよく見えるように並べて置く場所を作るのも良いでしょう。

- **幼い子どもたちが、植物や動物の成長に気づく**ことができるようにサポートしましょう。虫眼鏡を使って卵などを観察したり、孵化する前の卵の写真を撮ったりするのもお勧めです。生き物がありのままの姿で存在できるように、自然の過程を邪魔しないように教えることが大切です。

- **子どもが自然を詳しく観察できるように**、サポートしましょう。例えば、庭などの自然の中で、子どもに自分で座る場所を決めてもらって、5分ほど周囲の様子をじっくりと観察する時間をとります。5分経ったら、気づいたことについて話したり、書いたり、描いたりするように促してみましょう。「草はどんな色だった？」「虫はいたかな？」「どんな音が聞こえてきた？」など、観察したことについて子どもに質問してみてください。

- **学齢期の子どもであれば**、自然観察記録をつけるのも楽しいので喜んでします。文章や写真で記録したり、自然の植物を描いたりす

---

## 年代と段階

**1歳半〜6歳**

この年頃は、子どもが自然とつながるための大切な時期です。遊んだり、探検したり、食べたり、くつろいだりして、できるだけ多くの時間を屋外で過ごすようにしてください。これにより、子どもが自分も自然の一部だと実感していきます。

**6歳〜12歳**

星を見るために夜更かししたり、ハイキングをしたり、釣りに行ったりするなど、子どもがもっと打ち込める長時間の活動をするのがお勧めです。子どもの頭を刺激すると同時に、体を動かし、家族の絆を深めることにもつながります。

**12〜18歳**

ティーンエイジャーは、家族と一緒にジョギング、サイクリング、キャンプ、カヌーなどの活動を楽しめます。自然の絵を描いたり、写真を撮る練習をしたりも楽しんでするでしょう。

---

ることで、植物図鑑に興味を持つようになるかもしれません。自然の中で絵を描くことで、普段は見逃してしまうような細かいことに気づけるようになります。また、子どもと一緒に植えたものが成長していく様子を動画で記録するなど、デジタル日記を作るのもお勧めです。

- **自然への感動や驚きを詩や物語として書いて**みるように促しましょう。

# お出かけ
# ～乳幼児

1歳半～6歳までの子どもを連れて、買い物や公園に行ったり、ちょっと遠出をしたりする時には、お世話に必要なものをすべて揃えておく必要があります。慎重に計画を立てることで、お出かけのストレスを減らすことができます。

### 子どものニーズ

モンテッソーリ教育を意識している家庭では、親は、生まれた時から子どもを尊重し、共感し、理解し、配慮することを心掛けています。これには、家を出る前に計画を立て、みんながよりできるだけ快適で楽しい外出ができるようにするといったことも含まれます。子どもが日常生活の変化に順応しやすいか嫌がるかに関わらず、出かけ

る前にできるだけ子どもの気持ちを尊重し、気にかけることが大切です。なぜ外出するのか、大人のためなのか、子どものためなのか、それとも親子両方のためなのかを考えてみてください。外出を決めたら、洋服や食べ物など子どもが必要とするものをすべて考えると、計画を立てるのに役立ちます。また外出時には、子どもが疲れていたり、ぐずっていたりするサインを見逃さず、子どものことを考えた行動を心掛けてください。

### 自立の一歩

幼児が、友達と公園で遊んだり、遊び場で過ごしたりしていると、親から少しずつ離れていきます。もちろん、親がそばにいて見守ってあげてください。子どもたちは何度も親のところに戻ってきて、まだそこにいるかどうかを確認しますが、これは子どもたちがある程度自立し始めたことを意味しています。子どもが自立の片鱗を見せ始めた時は、目の届くところにいること、道を渡る時には手をつなぐこと、順番を守ることなどを教えられる時期です。

### 子どもの体力を考える

小さな子どもを連れて家族での外出を計画する際には、大きな遊園地やイベントはお金がかかるだけでなく、長蛇の列や人混みで子ども

### 子どもが退屈している時

外出時に、刺激が足りないと子どもが退屈してしまうのではと心配する親の声をよく聞きます。

2歳くらいから、自分で考えて行動できるようにしておけば、退屈することはありません。どんな状況でも、自分で何かを見つけたり、作ったり、発見したりできるからです。逆に、常に楽しませてもらうことに慣れてしまうと、放っておくとどうしたら良いのか分からない子になってしまいます。

## " " 体験談
**ローレン（2歳と新生児の母親）**

まだ幼児の子どもを連れての数時間の外出でも丸1日の外出でも、私はいつもできるだけスムーズにいくように準備しています。我が家の場合は、車での長時間移動が避けられないため、色々な種類の本や散らからない工作キット、磁石を使ったおもちゃなど、子どもが好きそうな活動のほかにも、健康的なおやつやピクニック用のお昼ご飯を用意しています。

また、天候や目的地に応じて、予備の着替えも含めて必要な洋服もすべて準備します。車の中に予備の着替えがあると、子どもが汚れる心配をしなくてすむので、精神的に楽になります。ほとんどの場合、びしょ濡れになったり泥だらけになったりしますが、着替えがあるので娘には自由に周りの環境を探索させられます。

何よりも大切なのは、目的地での時間を十分に確保することです。到着してから時間の余裕を持つようにすることで、時間的な制約による不必要なプレッシャーを取り除き、娘が心ゆくまで自由に遊ぶことができます。

**子どもを連れて出かける前に準備を**しておくことは、子どもへの配慮につながります。

がストレスを感じることを頭に入れておくことが大切です。この種のお出かけをするのは、ある程度自立していて、体力もある小学生以上の子どもたちに向いています。小さな子どもとのお出かけを計画する時には、気が散らないような簡単で小さな活動にするのがお勧めです。このような活動は、多くの場合、楽しい学びの経験になります。理想的なのは、体を動かしたり、リラックスしたりするのに十分なスペースがあることです。

# お出かけ
# 〜小学生以上

小学生から思春期の子どもと出かける際には、言い合いをしたり、疲れた子どもが癇癪を起こしたりすることは避けたいものです。みんなが満足できるように、事前に計画を立てましょう。親としての目標は、ずっと記憶に残り、愛に溢れる思い出になるような楽しい経験をさせることです。

## いつものお出かけ

普段の買い物などの外出は、子どもにとっては避けて通れないものかもしれません。しかし、自分のほしい物を買うためでなければ、買い物

## 共通の趣味を見つける

家族会議（22〜23、64〜67頁参照）は、家族がその週に何をしたいのかを話し合う最良の場です。

毎週の家族会議で、現在、家族が一緒に楽しんでいる活動をすべて挙げてみてください。誰か1人が興味のあることをするのではなく、みんながやりたいと思うことを一緒にするという考え方は、家族全員が前向きな経験をするためにとても大切なことです。

また、家族の中には、前もって計画を立てておきたい人もいれば、自由に行動したい人もいることを配慮しましょう。このような性格の違いを意識することで、お互いのバランスを取ることができます。

を楽しめない子も多く、親子でイライラしてしまうことも少なくありません。

子どもが買い物に当事者として参加していると感じることができれば、親子ともにより楽しい時間になります。子どもに何を買い揃える必要があるかを話したり、買い物リストを作るのを手伝ったりしてもらいましょう。スーパーマーケットでは、小学生の子どもに店内の案内係になってもらうのもお勧めです。子どもに近くにいてもらいながらも、ほかの買い物客に気をつけてショッピングカートを押すのを任せることで、自分が重要な役割を果たしていると感じてもらうことができます。

中高生の場合は、買い物リストに載っている特定の商品を探すのを子どもに任せて、大人は別の場所で買い物をするなど、必要な買い物を分担する方法を考えてみましょう。

**" "**

子どもが自分も当事者だと感じることができれば、普段の買い物でも予定していた活動でも、積極的に行動できるようになります。

## 旅行の計画

　レクリエーション活動は、新しい環境で一緒の時間を楽しむのに最適です。ほかの人とともに行動しなければならない経験や、お互いの面倒を見なければならないような体験も子どもにさせることができます。

- **長時間の移動は大変なものです。**子どもを連れて行く際には、よく考えてからにしましょう。遠出をしなければならない場合は、家族の絆を深める時間になるように心掛けてください。一緒に歌ったり、会話をしたり、ゲームをしたり、話をしたり、みんなで楽しめるオーディオブックを聴いたりすると良いでしょう。一方、子どもが1人で見るような映画や番組を、デジタル機器にダウンロードしないのが理想的です。デジタル機器があれば子どもがイライラしなくなるかもしれませんが、家族がそれぞれの世界に入り込んでしまい、対話の機会が失われてしまいます。

- **子どもがあらゆる体験を楽しみ**、周囲で何が起こっているかに気づけるようにサポートしてください。家族全員が楽しめる活動を探しましょう。例えば、週末にハイキングに出かけたり、サイクリング、カヌーやカヤックなどの趣味を一緒に楽しんだり、釣りなど自然を満喫できる趣味を楽しむこともできます。また、双眼鏡を持って、一緒に鳥や野生動物を探

すのもお勧めです。地元のお祭りやファーマーズマーケット＊などに出かけることで、子どもに新しい世界を開いてあげると同時に、人ごみの中で落ち着いて行動するなどの生活に必要なスキルを身につける機会にもなります。

**目的地に到着するまでの時間は、**邪魔が入らず、一緒におしゃべりする絶好の機会です。

＊［訳注］農家が直接販売する市場。　　165

# 特別なお出かけ

子どもと一緒に、レストランや美術館、公共のイベントなど、いつもとは違う外出を楽しむようにしてください。このような特別な外出をすることで、子どもの成長にとって重要だと親が感じている経験をさせることができます。そこで自分の住んでいる地域や文化を知ることもでき、新しい活動や場所、考え方に興味を持つようになるかもしれません。また、特定の状況下で、礼儀正しく、適切に、そして安全を考えて振る舞う方法を教えることもできます。

## 気をつけること

家族の特別な外出先を選ぶ際には、子どもの年齢や成熟度を考慮してください。特別な外出は、幼い頃から、新しい状況でマナーを守ったり、人への思いやりを持ったりする方法を教える良い機会です。ただし、子どもはすぐに飽きたり、体力が持たなかったりします。こういったことが予想される外出や行事に、子どもを参加させることがふさわしいかどうかを検討してください。例えば、幼い子どもであればレストランで落ち着きがなくなり、ぐずったり騒いだりする可能性は大いに考えられます。

## 新しい体験をさせる

特別なお出かけをすることで、子どもが新しいスキルを身につけたり、さまざまな経験を味わったり理解したりすることができるようになります。適切な方法で体験することで、子どもが自分の興味を広げていき、新しいことにも挑戦できるようになります。

- **出かける前に子どもと一緒に**、何が必要なのか、どういう振る舞いを心掛けるべきか、どういった服装が適しているのかなどを話しましょう。

- **子どもに新しい経験をさせる時は**、短時間から始めるのが賢明です。例えば、長時間の演劇やスポーツの試合をずっと見ていたら、疲れて不機嫌になり、もう来たくないと思うようになるかもしれません。狙いは、子どもた

## 年代と段階

### 1歳半〜6歳
日常生活に支障をきたさず、過剰な刺激を与えないように、外出先を慎重に選ぶことを心掛けてください。塗り絵などの遊ぶ物を用意するのがお勧めです。子どもが疲れた様子を見せたら、すぐにその場を去ることができるようにしましょう。

### 6歳〜12歳
観客席やレストランでの振る舞い方、公共の場での安全な過ごし方、長時間の移動を乗り切る方法などを指導していきましょう。おやつや時間をつぶす物を用意する際には、子どもを誘って一緒に準備すると良いでしょう。

### 12〜18歳
ティーンエイジャーは、外出のための洋服選びや荷造りを自分でできるようになっています。過干渉には気をつけながら、子どもの計画を確認してください。

ギャラリーに見学に行くなど、新しい経験をすることで、子どもの視野が広がります。

ちに外出を前向きな経験として捉えてもらうことです。

## 外出先の選択

地元でも、近場の日帰り旅行でも、あるいは休暇を利用してでも、家族にとって刺激的で、手頃な価格で行くことができて、ワクワクするような体験を考えてみましょう。家族のお出かけや休暇を通じて、子どもが自分の住んでいる地域やほかの地域の魅力に気づけるようになるのが理想的です。それは、食べたことのない料理、地元の博物館での展示会、家族全員が楽しめる演劇、新しい風景を楽しんだりすることか

もしれません。

特に小学生以上の子どもたちは、自分の考えがしっかりあるので、お出かけ先を選ぶ家族会議に参加してもらうことが重要です。時期や費用を話し合いつつ、興味のあるものを自由に選んでもらうのも良いでしょう。あるいは、事前に親が考えておいたいくつかの候補を提案することもできます。こうすることで、親が特定の家族旅行を検討していることが伝わり、子どもたちにとってもどんな体験になるのかイメージしやすくなります。そして、できれば自分たちもお出かけ先を選ぶ意思決定のプロセスに関わったと感じてもらいたいものです。

# 日々の戦略
# 問題行動に
# 焦点を当てる

どんなに予防策を講じても、どんなに子育ての本を読んでも、子どもは時と
して不適切な行動をとることがあるでしょう。子どもたちは、感情をコントロー
ルし、自分のニーズを適切に表現し、自分で対処できる物事の範囲や力の限
界を理解しようと学んでいる最中なのです。

子どもの行動に対する親の対応が、子どもが
コミュニケーション力を身につけたり、問題を解
決したり、行動に責任を持ったりする上で、良く
も悪くも影響します。親の対応をモンテッソーリ
教育の価値観から考えると、子どもと接する時
に冷静であること、子どもが学んでいることを
認識すること、子どもの行動を個人への攻撃
として受け止めないこと、そして自分で心配事と
向き合えるようにサポートすることが大切になり
ます。子どもが挑戦的、破壊的、攻撃的な態度
を取るのには、理由があります。イライラしたり、

機嫌が悪かったりするのにも、空腹、疲労、体
調不良、変化への敏感さなど、さまざまな原因
が考えられます。子どもの身体的な欲求を把握
し、前もって考えておくことが大切です。愛され
ていることを実感したい、自分をコントロールし
たい、仲間に入れてほしい、自分が大切にされ
ていると感じたいなど、子どもが自分の感情的な
欲求を伝えようとする時にも問題行動が生じま
す(38頁参照)。こういった感情的欲求に起因
する問題行動への対処方法については、170
～171頁を参照してください。

**❝ ❞**

子どもは、自分の欲求をしっかりと表現
し、自分で対処できる物事の範囲や力の
限界を理解することを学んでいます。

## " " 体験談
**ジェーン（シェリル〈8歳〉の母親）**

8歳の娘が、自分で朝食の用意をしたり、ベッドを整えたり、外出用の服を選んだりといった些細なことをする時に、泣き叫んだりぐずったり、その場からいなくなったりするようになったんです。娘がこういった普段のことを1人でできるのは分かっていましたが、それができなくなりました。

そこで私は、娘が成功して自信を持てるように、作業を小さなステップに分けることにしました。しかし、それでもうまくいかず、事態はさらに悪化しました。娘はもっと落ち込んで、より頻繁に部屋にこもるようになりました。結局、疲れているとか、大人を試しているとか、そういう単純な問題ではないと思ったので、こういう状況になった時の私自身の気持ちを振り返ることにしました。娘の行動だけではなく、自分の気持ちにも目を向けるようになったところ、自分がイライラしていると気づきました。そして、娘が本当に望んでいたのは、私との時間だと分かったんです。

娘がどう感じているのか、本人の気持ちをどう私に伝えられるか話し合いました。そして、娘が「自分は愛されている、大切な存在だ」と感じられるようにする方法を考えました。たまに部屋の掃除を一緒にしてほしいというのが娘のリクエストでした。また、寝る時に電気を消す前に、一緒に横になったり、本を読んだりしたいとも言ってくれました。泣き叫んだり、ぐずったりしていた理由を理解すると、彼女の欲求を満たすのは驚くほど簡単でした。

# 問題行動に焦点を当てる
## 実践方法

### 愛されていることを実感したい

あなたが忙しくても、子どもが常に見てほしいならば、「自分は愛されている」という安心感を持つ必要があります。子どもが近づいてきた時に目配せをしましょう。そして何も言わずに、愛情のこもった身振り手振りで、近づいてくるように合図します。その際、作業を中断しないで大丈夫。この行動で、子どもの行動がエスカレートするのを防げます。

### 自分で決めたい

約束したことをやらないで拒否している場合など、親の権威を試している時、子どもは自分に決定権があると感じる必要があります。大事なことであれば、落ち着いた時間に話し合いの場を設けましょう。例えば、「うるさいって思っているのは分かるけど、解決策を一緒に見つけよう」と言ってみます。2人で解決策を見出し、決め事を守りましょう。

### 居場所がほしい

子どもは、親やほかの人に思いやりのない態度をとった場合でも、親に受け入れられていると感じたいのです。自分が家族にとって不可欠な存在だと確認したいのです。赤ちゃんが生まれると、仲間外れにされたと感じ、弟や妹が嫌いだと言うことがあります。その時は、「気持ちは分かるわ。赤ちゃんがママやパパを独り占めするから嫌なのよね」と言い、一緒に過ごす方法を見つけます。

**積極的に気持ちを示す**ことで、子どもは自分が愛されているという安心感を覚えると同時に、大人にもやるべきことがあると分かってもらえます。

## 大切にされていると実感したい

子どもが落ち込んでいるようであれば、「自分はできる」という安心感が必要かもしれません。作業を細分化して、最初の一歩を踏み出せるように背中を押しましょう。それができたら、認める声かけをしてください。親が作業を仕上げないといけない時には、次回は、さらにプロセスを細かく分けて、小さな成功を経験できるようにしましょう。

## 主導権争いの対応方法

子どもが歯向かってきた際に、解決策を見つけるために話し合うこと（前頁参照）に加えて、主導権争いに対応するための方法がいくつかあります。

・**選択肢を与える**。例えば、2つのタイプの服のどちらかを選ぶというような、狭い範囲の選択肢でかまいません。

・**自分の意見をいったん横に置く**。子どもは想像力に溢れており、同じ目的を達成するのに大人と違うやり方をすることもあります。考えを聞くのが難しい時もありますが、子どもの解決策に耳を傾けましょう。

・**子どもに任せる**。例えば、何らかの仕事をやる・やらないで言い争いになった場合、子どもに責任を任せることで、リーダーシップを発揮する良い機会になります。

・**一言ですませる**。子どもがやると同意していることについては、一言で伝えてください。例えば、子どもが食洗機を空にする担当であれば、「食器」と言えばいいのです。

・**合図を決めておく**。喧嘩が頻繁に起こる場合は、不穏な空気になり始めたらすぐに2人で使える合図を決めておくと、いったん中断してやり直せます。

# 子どもの誕生

子どもが生まれると、それが1人目であれ妹や弟であれ、家族の生活は一変します。赤ちゃんを迎えるために、家の中のスペースや必要な用品の見直しなど、現実的に物事を考えるほか、上の子どもが新しい赤ちゃんを迎えるための準備や、パートナーとの協力も必要になってきます。

### 親になる準備

寝る、遊ぶ、おむつを替える、服を着せる、授乳するなど、生活に必要なスペースを考えます。もし、赤ちゃんが上の子と同じ部屋で寝る場合は、上の子にそのことを話して、赤ちゃんを迎える心の準備ができるように手伝いましょう。

またこの時期は、初めて赤ちゃんを迎える人にとって、子育ての方法、しつけ、家族の価値観などについて、パートナー同士で話し合う時期でもあります（20〜21頁参照）。

### 新しい家族の生活

子どもが生まれると、家族の多くが赤ちゃんとの触れ合いやお世話が中心の生活になります。パートナーとの時間を大切にし、お世話を分担しながら、この時期の人間関係を育んでいきましょう。赤ちゃんがやってくると、上の子に大きな影響を与えます。上の子は、家族内の自分の立ち位置について疑問に思ったり、新しい赤ちゃんだけが注目の的だと感じたりするものです。上の子には愛情は平等であることを伝え、家族とのつながりを感じられるようにすることが大切

**" "**

赤ちゃんがやってくると、家族の生活が一変するため、兄姉が絆を感じるためには大人のサポートが必要になります。

**親がいる時に、赤ちゃんの扱い方やお世話の仕方**を教えることで、子どもは新しい弟妹を受け入れることができるようになります。

## " " 体験談

デイビット（エデン〈10歳〉、イーライ〈8歳〉、
ユアン〈6歳〉、イーサン〈4歳〉の父親）

　第一子の誕生で初めて親になり、これまで感じたことも経験したこともないような気持ちを抱きました。気持ちの波を感じながら、親としての自覚が生まれたような気がします。娘のことが誇りだったし、愛おしく、幸せで、娘の将来にも夢を持っていました。一方で、娘と娘が生まれてくる世界に対して、不安が大きくなっていました。

　妻が第二子を妊娠した時、娘は妻の大きくなったお腹に興味津々で、耳を当てたり、見たり、撫でたりしていました。

　私たちは娘に「弟がお腹で大きくなっているんだよ」と伝えました。弟が生まれた日に、私は娘を彼女のお気に入りの店に連れて行き、弟用の特別なプレゼントを選びました。第三子の時にも同じことをして、いずれの場合も娘は心から喜んで弟たちを迎えてくれました。第四子の妊娠を子どもたちに伝えた時は、妻は風船とケーキを持って帰ってきました。2人の子どもたちは喜んでいましたが、もう1人の子どもは「また増えるの！」と言いながら大泣きしました。早いものでそれから4年が経ち、4人の子どもたちは四六時中一緒にいて、いつもではありませんが、愛に溢れる平和な生活を送っています。

です。こうすることで、お兄ちゃん・お姉ちゃんとしての役割を理解できるようになります。出産前に、これから起こることを上の子と話し、どう変わるのかという子どもの質問に答えましょう。また、家族一人ひとりが大切な存在であるということを伝えて、安心させてあげてください。子どもはこのような言葉を聞いても信じられなかったり、仲間外れにされたと感じたり、怒ったりするかもしれません。子どものそういった様子を敏感に察し、心配事があれば耳を傾け、質問には正直に答えて、不安や恐れを最小限にしてあげましょう。

- **上の子も一緒に赤ちゃんを迎える**ようにしましょう。部屋の準備を手伝ってもらったり、絵本を選んだりしてもらうことができます。
- **出産後は、子どもの年齢や興味に応じて**、赤ちゃんの沐浴、ミルクのお世話、読み聞かせなどをしてもらいましょう。

# 家族の中に変化がある時

養子縁組をしたり、里親制度によって家族が増えたり、子連れの親同士が再婚して混合家族になったりする場合があります。このような時にはしばしば大人と子どもたちの間にいくつもの新しい関係を築いて、日常生活におけるルーティンを調整する必要があります。

### 家族構成

家族にはそれぞれ個性があり、さまざまな顔を持っています。この本で取り上げられているやり方やガイドラインは、どんな家族構成にも当てはまります。モンテッソーリ教育を意識している家庭では、子どもや家族自体が成長し、お互いに深い絆を築くことができる環境作りを目指しています。こういった絆がポジティブな経験となり、優しさやお互いへの愛、尊敬の気持ちを感じられることが理想的です。

家族構成が変われば、例えば、上の子どもたちとこれまで知らなかった大人との間で、新しい人間関係を築く必要が出てきます。家族一人ひとりが、「自分は愛されている」「話を聞いてもらえている」「自分の居場所がある」と感じられるようにすることが大切になります。そして新しい家族が心穏やかな生活を送れるように、今まで以上に時間と思いやりが必要になってくるでしょう。

### 家族が抱える問題

子どもの生活に新しい大人が加わることになると、子どもが直面する新たな課題も少なくはありません。

混合家族の場合、子どもはすでに別居、離婚、親の死などのトラウマを抱えている可能性があります。新しい大人がお父さんやお母さんの配偶者となり、子どもの生活の一部となることで、さらなる困難に直面することになるでしょう。子どもが新しい親の存在を受け入れ、できれば愛情を持つようになるまでは、気まずいことや、辛いこともきっとあるでしょう。また、再婚相手の子どもであったり、養子縁組や里親によって家族になった子どもであったりと、子どもたちは新しい兄弟姉妹に適応しなければなり

**" "**

どのような家族構成であったとしても、家族が仲良く暮らし、絆が深まっていくような家庭を作ることが親の役目です。

子どもを迎え入れる環境を整えることで、新しい家に慣れやすくなります。

ません。

子どもによっては、この経験を楽しいと思うかもしれません。一方で、悲しみ、恐れ、憤り、混乱を感じる子もいるでしょう。子どもたちが新しい状況に慣れるためには、大人側の忍耐と愛情、そして日々の子育てのスキルが必要になってきます。

• **パートナーと協力し合って**、一致団結した子育てチームを作りましょう。それぞれの子どもの気持ちを理解し、温かく、愛情深く、一貫した態度で接することで、新しい家族のあり方を模索していってください。混合家族の場合には、関係する家族の一人ひとりを尊重することは、子どもにとっても大人にとっても困難なことではありますが、大切なことを学ぶ機会でもあります。

• **もともと別に暮らしていた連れ子同士**の再婚で、子どもたちが同じ世帯になる場合には、お互いをよく知るための時間を設け、新しい家族の一員として徐々に馴染んでいけるようにすることを心掛けてください。家族旅行に行ったり、新しい家族を親戚に紹介する前に、一人ひとりが絆を深めるための時間を作りましょう。

• **もし里子や養子を受け入れるのなら**、自分自身の子どもたちがいる場合は、きちんと相談しましょう。家族会議で子どもたちに、これが何を意味するのか、家族の生活にどういった影響を与えるのかを話してください。

• **新しくやってきた子どもたちが**、これまで慣れ親しんできたものとは異なる家族の文化や家のルール(22、41頁参照)を理解し、慣れるように、忍耐や愛情、一貫性を持ってサポートしましょう。

# 兄弟姉妹の関係性

　家族は、兄弟姉妹がお互いへの愛を確認しながら、コミュニケーション、協働、分け合うこと、意見の違いを学ぶための安全な場所です。親の目標は、子どもたちがお互いに思いやりを持って接し、家族の内外で豊かで愛情たっぷりの関係を築くために必要なスキルを身につけられるようにサポートすることです。

### 兄弟姉妹の間での関係性を尊重する

　子どもたちは、それぞれ個性を持った人間です。兄弟姉妹の関係は、親が想像していたものとも、親自身が子どもの頃に経験した兄弟姉妹の関係とも違うかもしれません。兄弟姉妹の性格や興味の違い、年齢差などにより、とても仲が良く多くの趣味を共有しているか、自分の活動を好んでするかどちらかでしょう。

## 自分の居場所がある安心感

　親としての目標は、子どもたち一人ひとりが、自分の居場所があること、自分の存在が認められていること、自分が愛され尊重されていること、そして自分の意見が重要であることを感じられるようにすることです。

• 子どもたちの意見を大切にしながらも、相手を尊重し、意地悪をしたり傷つけたりしてはいけないことを教えましょう。
• 子どもたちが、お互いを見て、聞いて、認め合う方法や、家族の一員を支え合う方法を学べるようにサポートしましょう。

## 行動パターン

　家族内での兄弟姉妹の喧嘩はつきものです。最終的には親が仲裁に入り、対応する必要がある時もあるでしょう。一方の子がもう一方の兄弟姉妹を困らせているのか、あるいは親の注意を引こうとしているのかに関わらず、行動がパターン化してくる可能性があります。子どもの成長段階に合わせて、こうしたパターンを見逃さないようにしましょう。冷静になって、出来事を客観的に観察し、喧嘩が始まったり悪化したりする前に、早めに行動を止めるようにするのが良いでしょう。108〜111頁の「喧嘩の仲裁」、156〜159頁の「静かな場所を作る」、168〜171頁の「問題行動に焦点を当てる」などの方法を試してみてください。

## 意見の相違に向き合う

　兄弟姉妹の間での喧嘩は、多くの家庭で見られる現象で、誰にとっても困った問題です。ライバル心があるがゆえに、親の注意を引くために、子どもは親が誇りに思ってくれたり、ほめてくれたりすることをわざとすることもあるでしょう。実際にはこういった行為により、家族内の不調和を引き起こしたり、家のルール（41頁参照）のあり方が試されたりします。家族の中での振る舞いには、しっかりとした制限があることを根気よく伝えましょう。行動の制限は、一貫性があり、公平で、愛情があることが大切です。週に1度の家族会議で意見の食い違いを話し合い、解

決策を考えましょう。また、それぞれの子どもと2人だけの時間を設けて、兄弟姉妹の間の揉め事について落ち着いて話し合ったり、家族みんなで何か楽しいことをしたりすることで、兄弟姉妹が仲良くする方法を学び、意見の相違を解決できるようになっていきます。

• **兄弟姉妹で家族の活動を一緒に楽しめる**ように、それぞれの子どもにリーダーシップの機会を与えるほか、下の子たちが順番を守ることについて学んでいることを上の子が理解できるようにすることが大切です。

• **子どもへの対応に注意**を払いましょう。子どもへの批判を、いったん横に置くことが大事です。感情ではなく事実に焦点を当て、冷静に、しっかりと、そして一貫性を持って子どもに接しましょう。

**❝ ❞**

兄弟姉妹の間で喧嘩をすることもありますが、家族はお互いにコミュニケーションを取る方法を学ぶための安全な場所です。

**子どもたちが話を聞いてもらっている**と感じ、家のルールはみんなに対して公平であることが分かることが、兄弟姉妹が平和に共存する秘訣です。

# 家族の伝統と
# お祝い事

　家族が楽しんでいる伝統やお祝い事は、子どもの頃の心が安らぐ支えとなり、親にとっては子どもを愛していて、大切にしているというメッセージを伝えることができる機会になります。

　親から受け継いだ伝統を祝ったり、新しい伝統を作ったり、自分の国やほかの国の文化や信仰の伝統を学んだりすることで、世界が広がり、人生の素晴らしさや喜びを知ることができます。信仰心があるかどうかに関わらず、ある種のお祝い事は、シンプルな方法で子どもたちに、愛、優しさ、喜び、そして生きることの美しさといった道徳的・精神的に大切なことを教えるのにも役立ちます。また、家族の生活を祝うような日常的なルーティンを作ることで、安全と安心の感覚を育みます。

**" "**

お祝い事を一緒に楽しんだり、家族の伝統を守ったり作ったりすることで、子どもの喜びや人生への感謝の気持ちを育みます。

# センス・オブ・ワンダー（感動する心）

お祝い事や家族の伝統を通して、人生の喜びや感謝の気持ちを育んだり、詩的感性を磨いたり、人とのつながりを大切にしながら心の教育をすることこそが、親として子どもに送ることができる最大の贈り物です。

## 伝統を継承する

家族の生活は往々にして慌ただしく、ストレスも多いものです。そして、気づけば、子どもたちは、家族よりも友達との時間を優先させるようになります。

- **誕生日、旅行、休日など**、年に1度あるいは定期的に家族全員で楽しむ活動や行事は、家族で一緒に時間を過ごせて、好奇心や喜びの感覚を取り戻すきっかけとなります。

- **家族の伝統やお祝い事は**、自然を感じたり、感謝したりするのにも役立ちます。貝殻を集めたり、風に向かって叫んだり、凧を揚げたり、砂に足跡を残したりする経験を通じて、子どもたちは世界の美しさに改めて気づくことができるでしょう。自然の美しさや季節の移ろいを感じることで、心の平穏を生み出し、命の尊さに感謝できるようになります。センス・オブ・ワンダー（感動する心）がなければ、世界は平凡な場所に見えるかもしれませんが、この感覚に身を任せることで、魂が揺さぶられるような経験ができるのです。

**絆を深め、大切な思い出を作る**年に1度の休日のような行事は、深い安心感を育みます。

# 暮らしの中での
# 家族の伝統

　家族の伝統には、大きなものも小さなものもあります。年に1度のお祭りだけでなく、親切やちょっとしたお祝い事も日々の家族の生活に取り入れることができます。こうした小さな心遣いや活動が、子どもの世界を豊かにするのです。子どもたちは、親がしてくれた日々の家族の風習を覚えていることが多く、大切に思って受け継いでいきます。

## 感謝の気持ちを表す

　いつでも感謝の気持ちを表すことができるような風習を作ることは、家族の生活にとって大切なことです。家族会議の始めに、家族がしてくれたことに感謝を伝える時間を設ける（22、66頁参照）ほか、お互いへの感謝の気持ちを記録したり、伝えたりするための簡単な方法を普段から確立しておくと良いでしょう。子どもたちが感謝の気持ちを表す大切さを認識することで、社会性を身につけ、豊かな人間関係を築くことができるようになります。

- **「ありがとう掲示板」を台所に置いたり**、冷蔵庫に紙を貼ったりするだけでも、家族がお互いに感謝を伝え合える場となります。
- **「親切リース」は、感謝の気持ちを**表現するとても楽しい方法です。誰かが親切にしてくれたことに気づくたびに、リースのワイヤー部分にリボンを付けて、カラフルなリースを作ります。
- **お弁当箱にメモを入れるだけで**、特に幼児期の子どもたちはとても喜んでくれます。ユーモアや思いやりのあるメッセージや、愛情や励ましの言葉を添えるのもお勧めです。

**簡単にできて、愛情のこもった行動は**、子どもが生涯にわたって受け継いでいく伝統となるでしょう。

## 思い出を作る

食事の時や、ほかにも家族が揃っている時にも、日常的な伝統が生まれます。週末など、食卓にキャンドルや花を飾ったり、特別な料理を作ったりすることで、楽しさが増し、感謝の気持ちを伝えることができます（80頁参照）。

たまには食後に、家族で文学に触れる時間を設けてみるのもお勧めです。こういった伝統は、ポジティブな体験となり、楽しい思い出作りになります。また、家族で一緒に時間を過ごすことができて、文学への興味を育めるようなスクリーンを使わない活動を楽しむことを子どもに教えることができます。趣味や宿題、テレビを見るなど、それぞれが自分の活動をする前に、詩や本の抜粋などを声に出して読み、好きな物語を話すなど、30分程度でいいのでやってみてください。

こういったことをすると、感情に訴えかけたり、想像力をかきたてるような物語や本について子どもが考えたり、話し合ったりする良いきっかけになります。子どもたちが字を読めるようになったら、本人が望むようであれば、順番に読んでもらうのも良いでしょう。文学に触れる経験は、負担ではなく楽しいものであるべきです。子どもが楽しんでいるかどうかを確認するようにしましょう。

### 年代と段階

**1歳半〜6歳**

この年代の子どもたちには、歌を歌ってみたり、鈴を鳴らしてみたり、静かに一人ひとりを食卓に招いてみたりするなど、家族を夕食に呼ぶ時の伝統を作ってみましょう。食卓では、食事を始める前に感謝の気持ちを言ったり、詩を読んだりする伝統もあるかもしれません。

**6歳〜12歳**

寝る前の時間を利用して、その日にあった最悪の出来事と最高の出来事について、また、笑ったこと、学んだことなどを子どもに聞いてみましょう。

**12〜18歳**

小さな子どもと同じように、夜に思春期の子どもの様子を確認してください。一緒に子どもの1日を振り返り、親であるあなたの1日についても何か話してみましょう。

**" "**

普段の小さな親切やお祝い事は、家族の生活の一部となり、子どもが受け継いでいく伝統となります。

# 季節を楽しむ

　季節は、自然の時間の流れを私たちに教えてくれます。多くの家庭で、広く文化的に共通しているような伝統があるかもしれません。もちろん、家族が季節に合わせた自分たちだけの伝統を作るのも良いでしょう。

## 季節を観察する

　季節の変化がはっきりしてしていても、あまり違いがなくても、どこに住んでいたとしても、私たちは季節の移り変わりを感じることができます。日が長くなったり短くなったり、動物が地域間を移動したり、植物が開花したり、果実が熟したり、野生動物の子どもが生まれたり、乾燥したり雨が多くなったりします。季節を観察することで、子どもたちは1年の間に起こる自然の変化について学んでいきます。子どもが見落としそうな小さなことにも、目を向けるように促しましょう。

## 季節の変わり目をお祝いする

　季節の変わり目である夏至や冬至には、世界中の人々がさまざまな祝い方をしています。新しい季節の始まりを祝うために、その季節を象徴するものを屋内外に置く家族もあるでしょう。こうすることで、小さな子どもが時間の流れや季節が切れ目なく続いていることを感じることができます。親が家に持ち込んだり、家の飾りに使ったりしたものが、どのように季節と結びついているのか、子どもは楽しみながら学んでいくでしょう。

　季節は世界各地で違って見えるかもしれませんし、あなたが住んでいる場所で祝われている伝統もほかの地域とは異なるかもしれません。しかし、時の流れを知り、季節を祝う共通の方法がたくさんあります。このような儀式には、飾り付け、食べ物、活動、伝統行事などがあります。

- **季節を感じる方法**を考えてみましょう。北半球では、かぼちゃや色とりどりのつるや葉っぱ、

---

### 年代と段階

**1歳半〜6歳**
　春の芽吹きなど、目に見える季節の変化に注意を向けさせ、季節の変わり目であるお彼岸の話などをしてください。4〜5歳になったら、季節の飾り付けを手伝ってもらうのも良いでしょう。

**6歳〜12歳**
　子どもは、季節の飾り付けやプロジェクトのお手伝いをすることを楽しみにしています。伝統の背景にあることを伝えていきましょう。

**12〜18歳**
　ティーンエイジャーには、いずれ自分で季節の伝統を引き継ぐことができることを教えてあげてください。子どもが伝統行事に参加し、率先して行うことを、押し付けることなく促すようにしましょう。

四季折々の自然を感じられるように飾り付けたテーブルを用意してみましょう。子どもが、自分の住む地域の自然のあり方に気づくきっかけになります。

木の実やベリーを使ったリースは秋を、ヒイラギや常緑樹の枝は冬を象徴します。亜熱帯地域では、ヤシの葉を集めることもあります。また、季節の花を飾ったり、季節の食材を入れたかごを置いたりして、季節を祝ったりもします。

- **小さな子どもたちは**、季節に関連したことを考えたり、思い出したりするのが大好きです。例えば、冬のコート、落ち葉掃き、ソリ、伝統的な料理や具がたっぷり入ったスープなどは、寒い時期に連想されることです。

- **子どもたちは、季節や特別な祝日**に関連した物を集めるのも大好きです。その中のいくつかの物は、毎年保管しておくのがお勧めです。子どもが集めた物を大切に梱包し、年に1度の伝統行事の一環として、取り出してみるのも楽しいでしょう。ほかにも、春になったら球根を室内に入れて花を咲かせたり、花の咲いた木の枝を花瓶に入れたり、鉢植えの土を入れたかごに小さな草原を作ったりすることなどが、家族の恒例行事になるかもしれません。

# 家族で集まっての
# お祝い事

　家族の集まりの多くは、家族のライフサイクルを中心としています。家族の信念、習慣、文化的伝統に応じて、人生での重要な出来事を祝ったり、記念したりするために家族が集まります。

## 記念日のお祝い

　結婚記念日、誕生日、命日、文化的な行事や祝日、年に1度の親戚の集まりなど、家族が集まってその絆を祝い、思い出話に花を咲かせます。

---

### 年代と段階

#### 1歳半〜6歳

　誕生日は、派手にやりすぎないようにしましょう。子どもの成長を祝うための簡単な家族の伝統を作り、子どもに焦点を当ててください。家族みんなで主役である誕生日の子どものユニークな才能に対する好きなところ、感謝していることを伝えましょう。

#### 6歳〜12歳

　子どもが誕生日プレゼントをもらうためだけの行事と捉えるのではなく、誕生日の本当の意味を理解できるようにサポートしましょう。

#### 12〜18歳

　この年頃は、大人への移行期であり、大きな通過儀礼があります。子どもが、行事の持つ象徴的な意味や節目を祝う尊厳と大切さに気がつけるようにサポートしましょう。

---

　結婚記念日は、子どもと結婚式の写真や動画を一緒に見るのに良い機会です。特別な日を振り返り、家族の歴史を伝えることができます。

　誕生日は、子どもにとって特別な日です。生まれてきたことを祝うとともに、生い立ちを振り返りながら時間の流れや歴史を意識するようになります。ケーキやプレゼント、誕生日の歌はもちろんのことですが、この日を祝う方法はたくさんあります。

- **地球が太陽の周りを回る周期や**、時間の長さを紹介してみましょう。子どもたちに輪になって座ってもらいます。輪の中央に太陽を表すろうそくを置き、誕生日の子どもに地球儀を渡します。地球が太陽の周りを回るのには1年かかり、子どもが生まれた日から、年齢分だけ太陽の周りを回ってきたことを伝えます。地球儀を持っている子どもは1年分ごとにろうそくの周りを回りながら、思い出話をしたり、年毎の写真を見せたりします。

- **特別なろうそくを灯しましょう**。その周りに集まって、子どもに昨年の一番思い出に残った出来事と来年の夢を話してもらいます。親としてこれからの1年に向けて、子どもに対する願いも伝えてください。

- **毎年、タイムカプセルに子どもの思い出の品**を加えていきます。18歳の成人の誕生日に開けられるように、閉じてしまっておいてくださ

い。写真や図工の作品、あなたからの手紙などを入れておけば、節目や出来事を思い出すきっかけになります。思い出の詰まったタイムカプセルを開けるのが、子どもにとっての楽しみになるでしょう。

## 冠婚葬祭

七五三、卒業式、結婚式やお葬式などの形式的な冠婚葬祭では、式に出席したり、賑やかなパーティーに参加したりすることになり、子どもが何をすれば良いか分からなくなるかもしれません。子どもを尊重しつつ、どのように参加で

きるかを考えてあげてください。子どもが苦手とするような役割をお願いするのは、できればやめておきましょう。幼い子どもが集会やお祝いの場で適切に振る舞えるかどうかを考え、ほかの人に迷惑をかけずに前向きな経験ができるようにサポートしましょう。

子どもが行事に参加して思い出を作ったり、絆を深めたりする方法を見つけることと、子どもの能力や限界を理解することのバランスをとりましょう。例えば、特別な思い出を作るために、短い時間だけ参加してもらうなどの方法があります。

記念日を祝うために集まることで、家族のつながり、一体感、そしてお互いへの愛を感じさせてくれます。

185

# さくいん

## おわりに：訳者

**島村華子**（モンテッソーリ＆レッジョ・エミリア教育研究者）
（しまむらはなこ）

上智大学卒業後、カナダのバンクーバーに渡りモンテッソーリ国際協会（AMI）の教員資格免許を取得。カナダのモンテッソーリ幼稚園での教員生活を経て、英国オックスフォード大学にて修士（児童発達学）・博士号（教育学）を取得。現在はカナダの大学にて幼児教育の教員養成に関わる。著書『自分でできる子に育つほめ方叱り方』（ディスカヴァー・トゥエンティワン）は、14万部を超えるベストセラー。

モンテッソーリ教育で私が一番魅力に感じているところは、子どもは権利を持った一人の市民であり、能力に溢れた学習者であると捉えている大人の「あり方」です。この子どもへの絶対的な敬意の気持ち、子どもの内なる力を信じる姿勢こそが、大人がファシリテーターとして、子どもに寄り添う原点になっています。

また、押し付け型の教育方法とは異なり、観察や対話を基盤に、子どもが自分の成長に積極的に関わっていく環境を提供する「やり方」もモンテッソーリ教育の大きな特徴です。このモンテッソーリ教育の「あり方」と「やり方」は、特別な教具がなくても家庭でも十分実践できます。

この本では、子どもの世界をより正しく理解するための大人の姿勢という「あり方」から、兄弟姉妹喧嘩、スクリーンタイム、宿題など普段困ったことへの対応方法という「やり方」まで、具体的に教えてくれます。モンテッソーリ教育の精神は、幼児教育で終わるものではなく、小学生や思春期の子どもたち、さらにはその先も続く「生き方そのもの」なのです。この本が、皆さんにとって子育てのヒントになるのはもちろんのこと、新しい生き方を手に入れるきっかけになれば嬉しいです。

## おわりに：日本語版監修者

**百枝義雄**（モンテッソーリ ラ・パーチェ　トレーニングコース代表、吉祥寺こどもの家園長）
（ももえだよしお）

東京大学卒業後、進学塾の講師・運営職を経て、フリースクールを設立する仕事に従事。人生の土台を形成する教育の必要性を感じていた時に、モンテッソーリ教育と出会う。1998年、モンテッソーリ教育施設「吉祥寺こどもの家」を開園。2012年、新しい教員養成コース「モンテッソーリ ラ・パーチェ」を立ち上げ、代表を務める。著書『父親が子どもの未来を輝かせる』（SBクリエイティブ）など多数。

編集をご担当くださった林聡子さんから本書をご紹介いただいたとき、たくさんの親御さんに届けるべき本だと確信しました。理由は三つあります。

一つは、幅広い年齢の子どもがいるご家庭を対象としていることです。原題は「すべての家庭にモンテッソーリ教育を」というもので、誕生から高校卒業まで、子ども期全ての援助について書かれています。小学生以上を対象としたモンテッソーリ教育関連書籍は、日本ではほとんど出版されていません。次に、家庭でのモンテッソーリ教育の考え方が、数多の類書とは一線を画していることです。本書にはいわゆる「モンテッソーリ教具」を用いた活動が全く出てきません。代わりに、徹頭徹尾「親が子どもに敬意をもって関わる」具体的な取り組みが説かれています。最後に理論の新しさです。昨今教育の現場で注目されている実行機能、レジリエンスなどの非認知スキル獲得を援助する視点に満ちていて、子どもの未来を照らしてくれます。

一方で、外国語教育やファンタジーなどについては、育ちの科学における一般的な理解とは異なる見解も含まれていますので、ご留意ください。

本書をきっかけに、たくさんのご家庭が幸せに向かって歩まれることを願っています。

# 謝辞

著者である私たちは、忍耐をもってサポートしてくれた家族に感謝します。また、かけがえのないアドバイスや助言をしてくれる多くの友人や同僚にも感謝しています。本書の制作にご協力いただいた以下の方々に感謝いたします。

Alicia Diaz-David @montessibaby

@teachlearnmontessori
Chaneen Saliee @chaneensaliee
Carine Robin @montessorifamilyuk
Lauren Weber @modernmontimama
Claire Wedderburn-Maxwell for proofreading and Vanessa Bird for indexing.

# 参考文献

100頁　就寝時間～小学生以上
Hagenauer, M. H., Perryman, J. I., Lee, T. M., & Carskadon, M. A. (2009). Adolescent changes in the homeostatic and circadian regulation of sleep. *Developmental neuroscience, 31*(4), 276-284.

# 著者について

## ティム・セルダン

モンテッソーリ財団総裁、国際モンテッソーリ協議会会長。

40年以上のモンテッソーリ教育の経験の中で、モンテッソーリ教育の教師、メリーランド州シルバー・スプリングのバリー・スクール（2歳から高校卒業までの母校）の校長、フロリダ州サラソタのニューゲート・スクールの執行役員などを歴任。上級モンテッソーリ研究所とモンテッソーリ研究センターの共同設立者であり、所長も務めました。ジョージタウン大学で歴史と哲学の学士号を取得し、アメリカン大学で教育管理・監督の修士号を取得。アメリカン・モンテッソーリ協会（AMS）で、モンテッソーリ教員の資格を取得。『才能を伸ばす驚異の子育て術 モンテッソーリ・メソッド』（清水玲奈：訳・エクスナレッジ）はじめ、モンテッソーリ教育に関する著書多数。

ティムは、モンテッソーリ教育を受けた5人の子どもの父親と継父であり、祖父でもあります。妻のジョイス・セント・ジャーメイン、そして馬、犬、猫と一緒に、フロリダ州サラソタ北部のブドウ園で暮らしています。

## ローナ・マクグラス

モンテッソーリ財団の一部門であるモンテッソーリ家族同盟の取締役、モンテッソーリ家庭生活ウェビナーシリーズの進行役。

モンテッソーリの3～6歳児向けの教室や、公立の中高生向けの教室で教えてきました。また、フロリダ州サラソタにあるニューゲート・スクールの副校長を長年務め、同校の評議員会のメンバーでもあります。アメリカと中国のモンテッソーリ教育センターで教員養成を担当しています。家政学教育の学士号、家族カウンセリング専攻の教育学修士号を取得し、アメリカン・モンテッソーリ協会の教師資格を持っています。子育てインストラクターとしても活躍しており、モンテッソーリ教育の価値観や原則に沿った家庭での実践方法を教える「子育てパズル：基本編」コースの生みの親でもあります。

ローナと夫のラリーは、モンテッソーリ教育を受けて育った成人の子どもたちとの時間を楽しんでいます。特に、孫がモンテッソーリ教育を受けていることに喜びを感じています。菜園やキルトなどの裁縫、ラリーとの旅行が趣味です。

Original Title: Montessori For Every Family
Copyright © 2021 Dorling Kindersley Limited
A Penguin Random House Company

Japanese translation rights arranged with
Dorling Kindersley Limited, London
through Fortuna Co., Ltd. Tokyo.

For sale in Japanese territory only.

Printed and bound in China.

www.dk.com

0〜18歳までの
家庭でできるモンテッソーリ教育
子どもの可能性が広がる実践的子育てガイド

2022年6月10日　第1版第1刷発行
2024年3月10日　第1版第3刷発行

著　者　ティム・セルダン
　　　　ローナ・マクグラス

監修者　百枝義雄

訳　者　島村華子

発行者　矢部敬一

発行所　株式会社 創元社

〈本社〉
〒541-0047 大阪市中央区淡路町4-3-6
Tel.06-6231-9010 (代)

〈東京支店〉
〒101-0051 東京都千代田区神田神保町1-2 田辺ビル
Tel.03-6811-0662 (代)

〈ホームページ〉
https://www.sogensha.co.jp/

© 2022 Hanako Shimamura　ISBN978-4-422-12071-3 C0037